JN275661

知っていますか？

狭山事件

一問一答

第2版

部落解放同盟中央本部中央狭山闘争本部 編

解放出版社

封筒

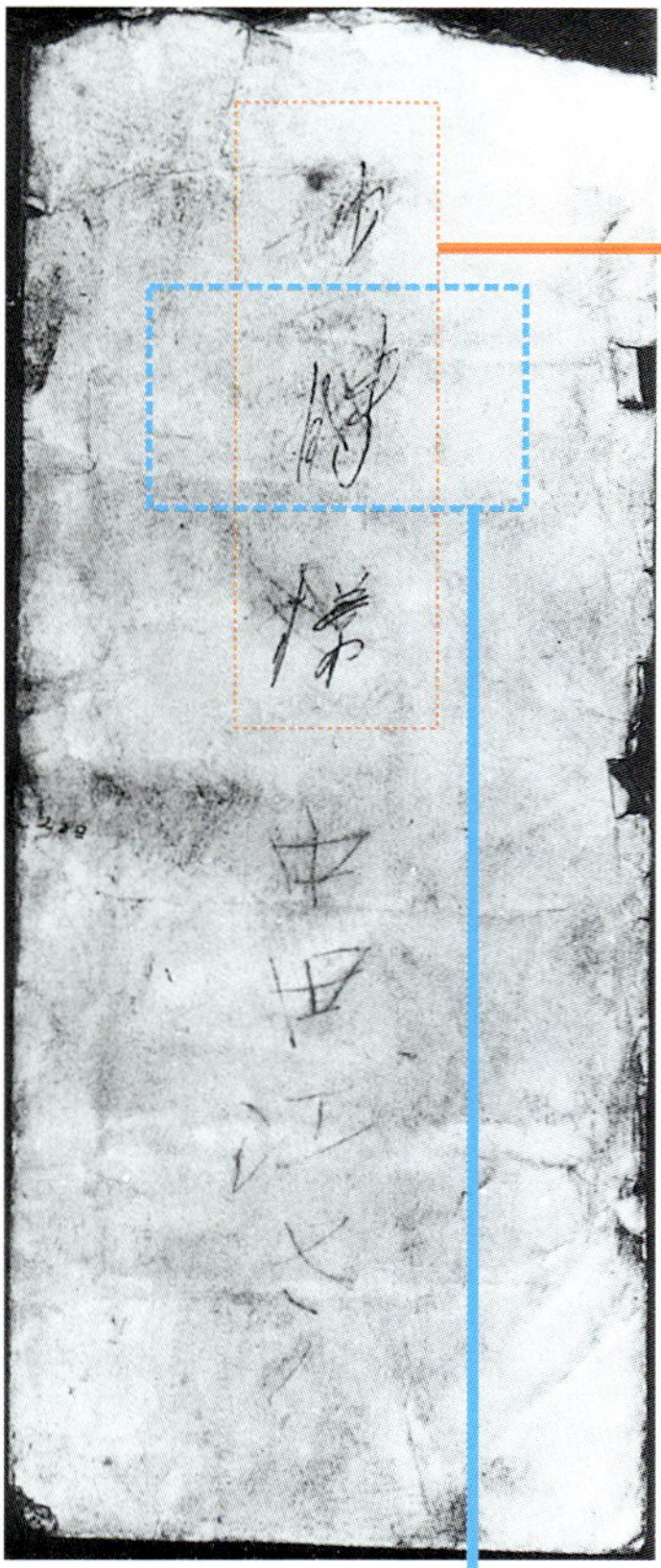

➡ 脅迫状の入っていた封筒（指紋検出前）
（1963年５月２日、埼玉県警鑑識課で撮影したもの）

⬆ 指紋検出検査後の封筒のカラー写真。「少時」の部分と「様」の部分のインクの状態は明らかに違っている。ボールペンで書かれた「様」だけが指紋検査薬のニンヒドリンアセトン溶液に溶解し、「少時」にはそのような変化がおこらなかった。指紋検出ではニンヒドリンアセトン溶液にどっぷりつけるので、裁判所のいうような「溶液のかかり具合」ではこの「少時」と「様」の違いは説明できない。「少時」が万年筆で書かれたことは明らか（本書27ページ）

封筒を多方向から撮った写真をコンピュータ上で重ね合わせると、「少時」の背景にはたくさんの筆圧痕があり、これらの文字は万年筆で書かれていることがわかった。しかし、自白ではこのことについて説明は何もない ➡

脅迫状

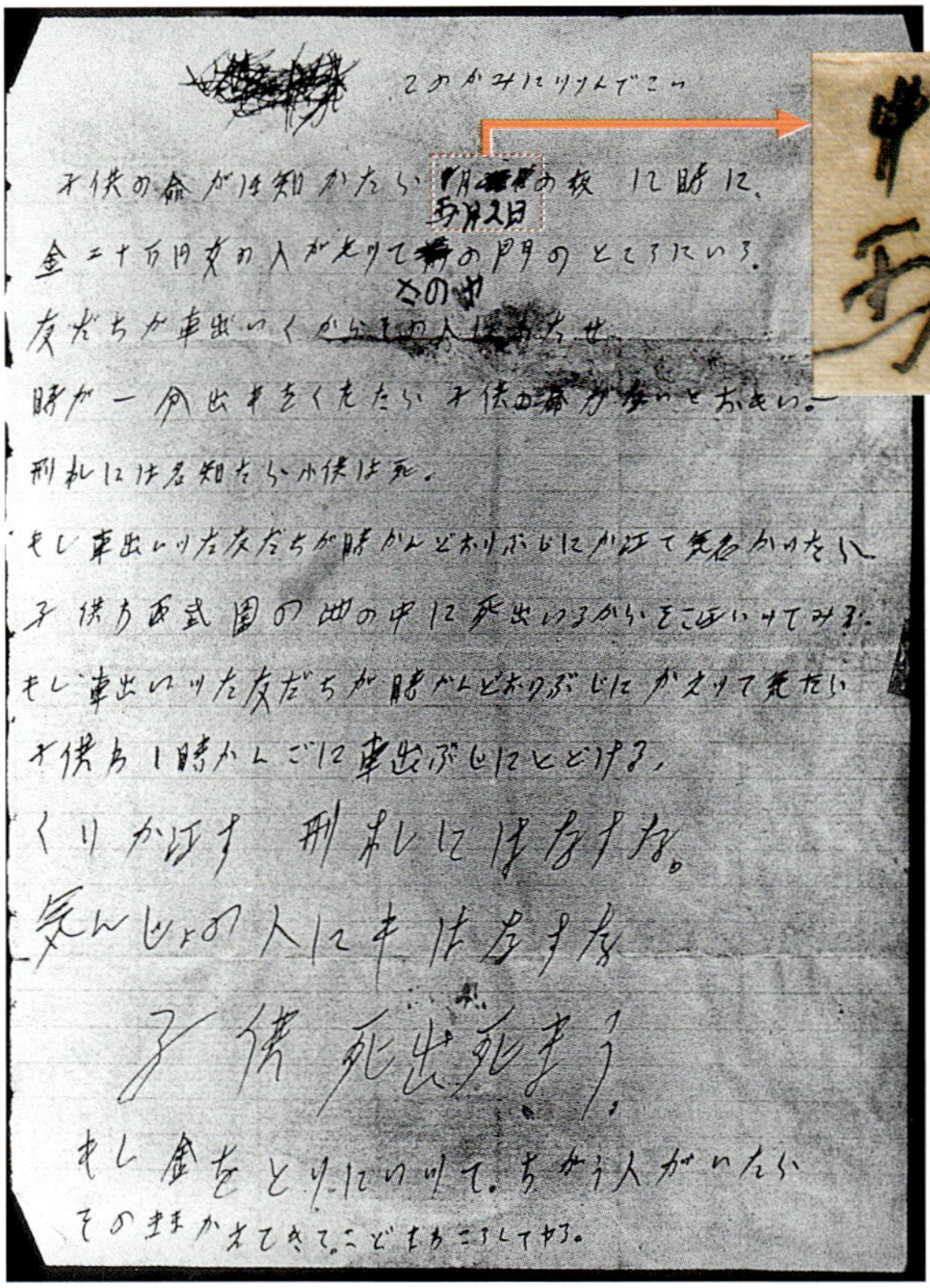

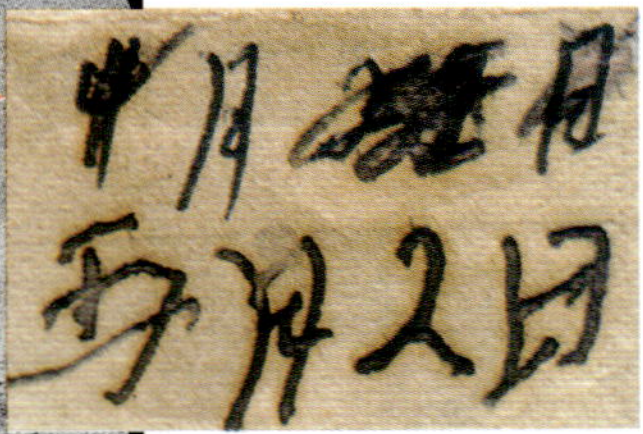

脅迫状のなかの訂正前の日付は「29日」であることが浮かび上がった。「28日」という「自白」と食い違っていた。裁判所はこの矛盾を石川さんの「記憶ちがい」ですまそうとしている（本書25ページ）

真犯人が書いた脅迫状。稚拙をよそおっているが、次のような特徴がある。①全体に文章が整っている。②ひらがなで書くべきところに漢字を当てているが、すべてそうなっているわけではなく、普通にひらがなで書いている部分もある。③漢字に誤りがない。④強調すべき個所は大きい字で書いている。⑤脅しの意図などが効果的に伝わる文章になっている。⑥文末に句読点が打たれ、改行している。⑦筆速も早く、漢字は独特のくずし方をしており、書字の経験を積んでいる者と見られる。逮捕前の５月21日に石川さんが書かされた「上申書」（本書19ページ）と比較してほしい

殺害現場

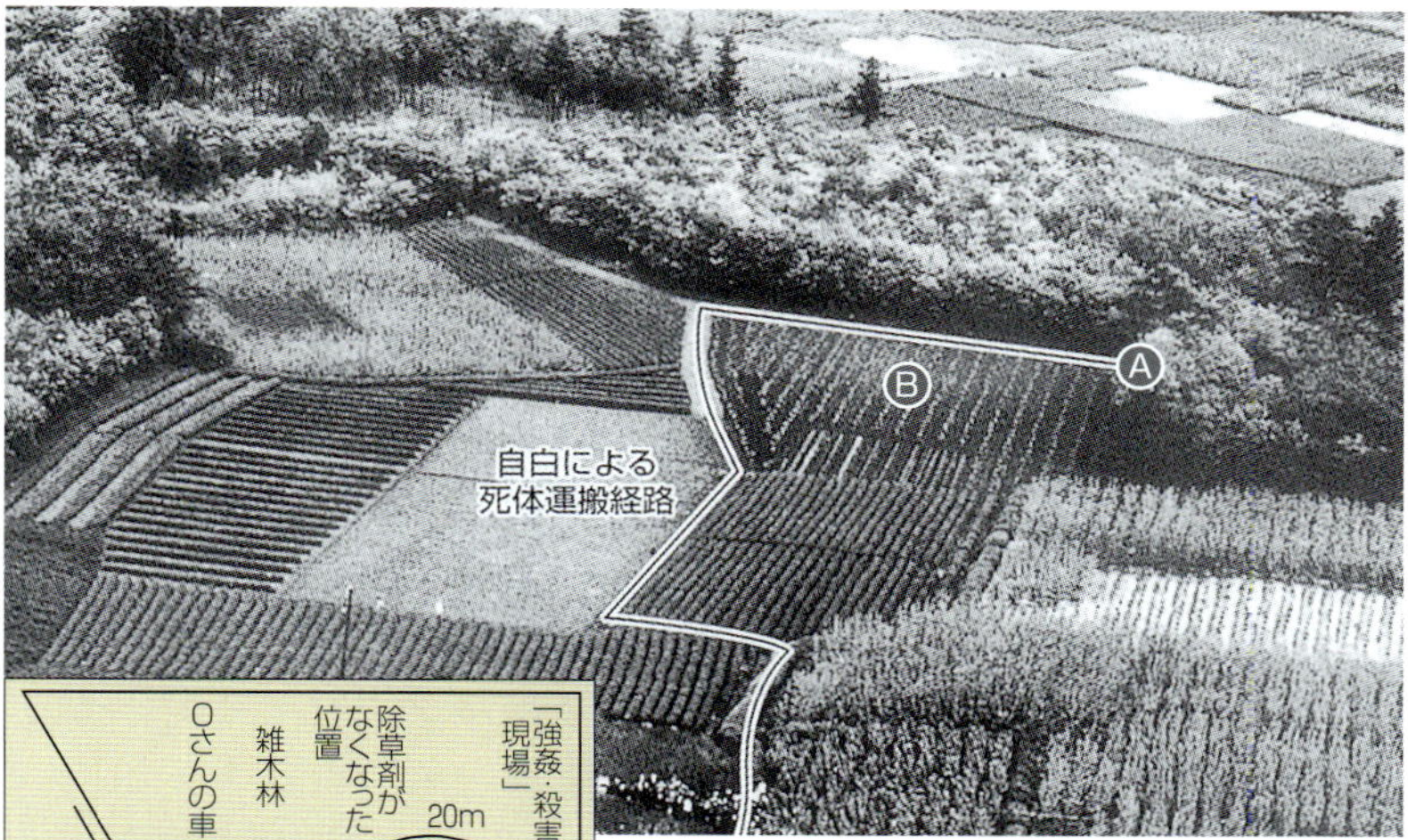

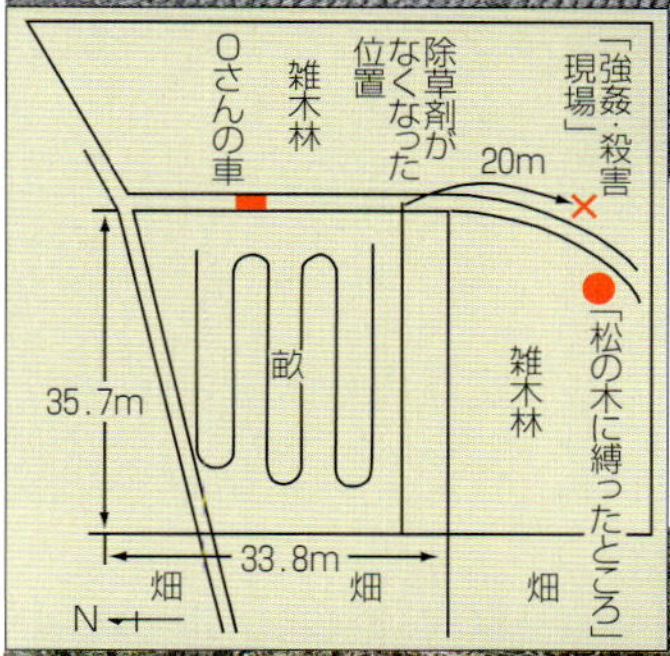

↑事件当時の「殺害現場」付近の状況（1963年５月４日撮影、『アサヒグラフ』1982年５月21日号より）。Ⓐは「殺害現場」とされる雑木林、Ⓑは O さんが働いていた秋蚕用桑畑。実線は、「自白」による死体運搬経路（本書35ページ）

↑「車」—Oさんの車があったところ／「終」—Oさんが作業をおえた位置／「×」—強姦・殺害したとされる（自白）杉の木／「○」—被害者をしばったとされる（自白）松の木

足跡

❸ 対照足跡

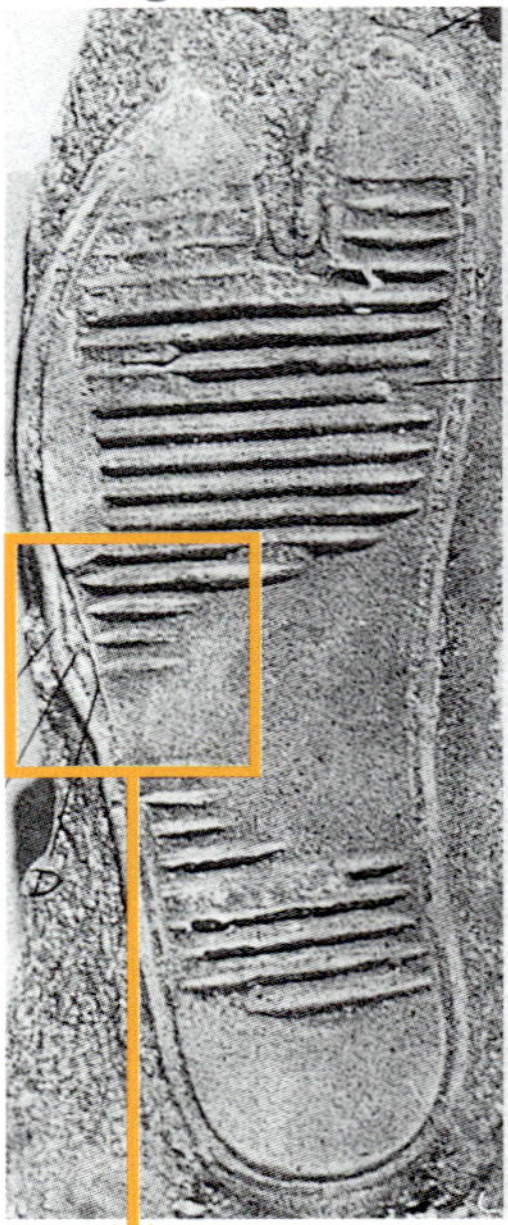

❷ 押収地下たび

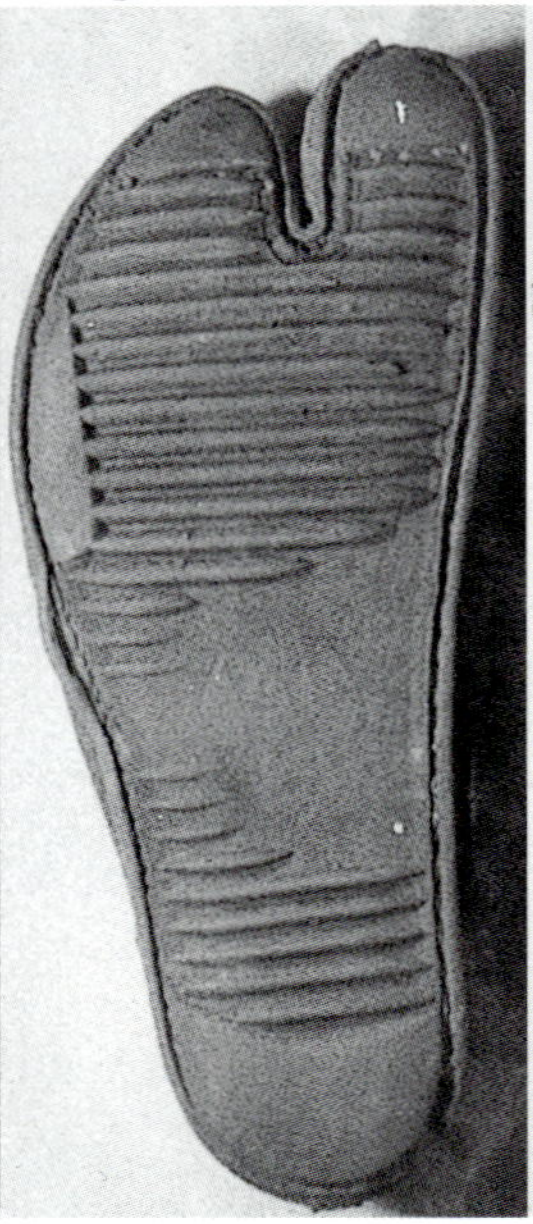

❶ 現場足跡

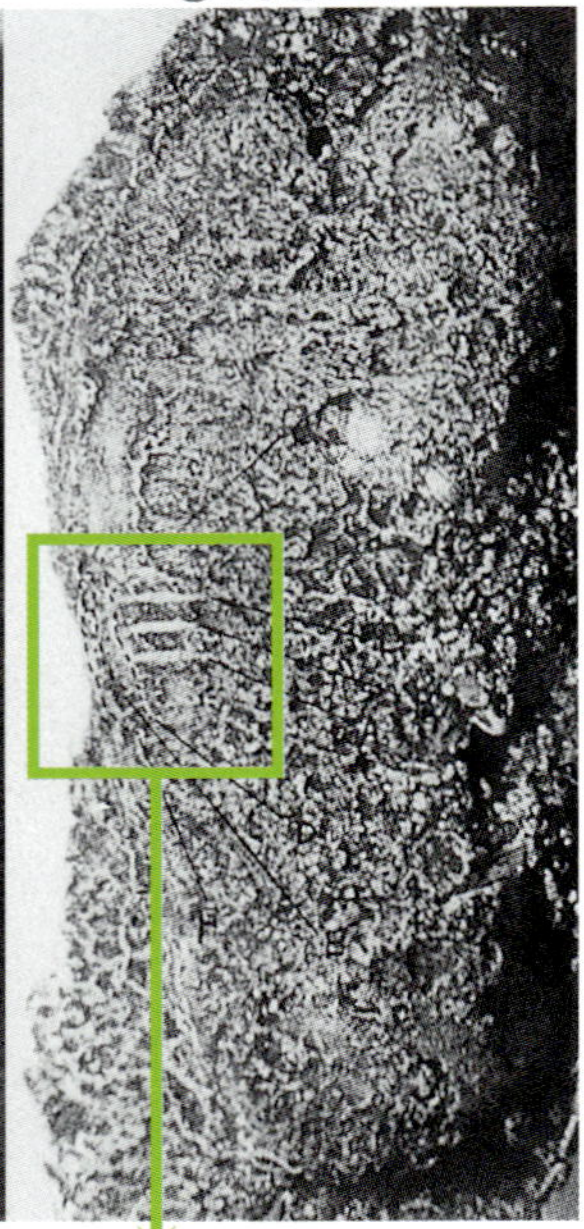

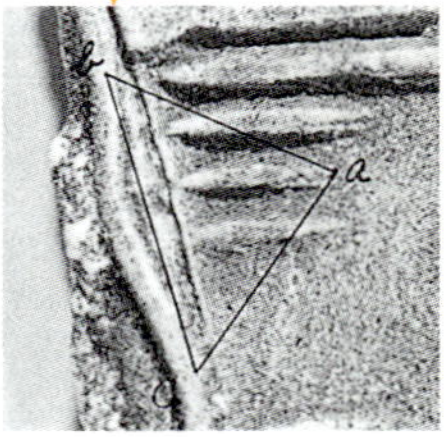

↑①は佐野屋付近に残された犯人のものと思われる足跡。②は石川さん宅から押収された地下たび。③は②から作った足跡
←→裁判所は①と③の三角形で囲まれた模様と左側の破損痕が一致するとした。しかし、そもそも全体の長さが異なっている（本書70ページ参照）

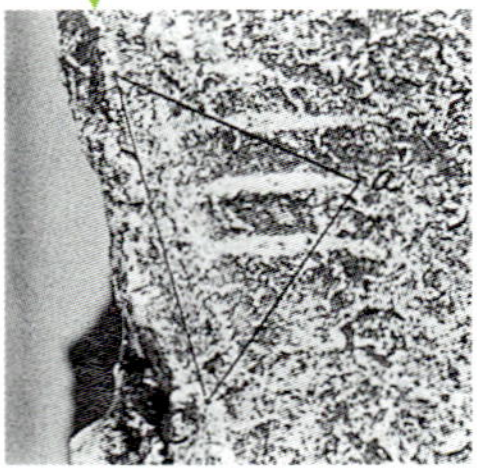

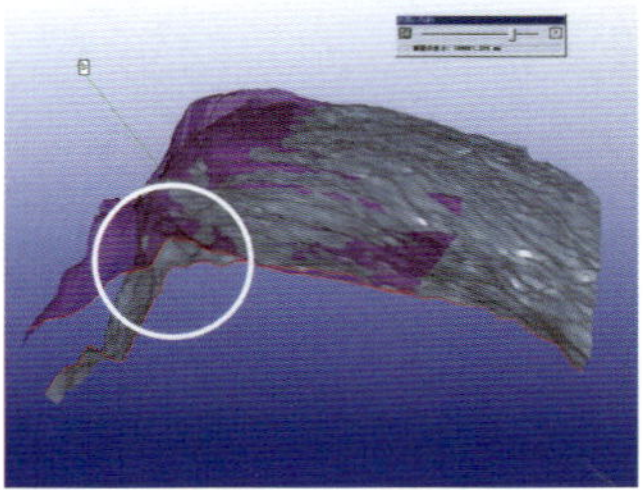

←→平面的に同じ三角形でも立体化するとまったく違ったものになる。「破損痕」についても平面写真ではわからないが３次元スキャナーで撮った現場足跡（灰色）と対照足跡（紫色）の立体形状を重ねあわせ、「破損痕」とされる三本線付近の断面を見れば、高さが大きく異なっていることがわかる

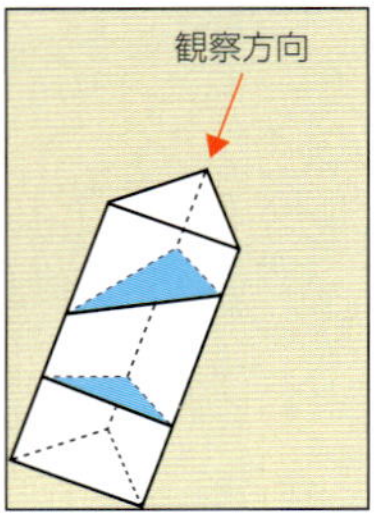

はじめに

みなさんは、狭山事件をご存じでしょうか。

一九六三年に、埼玉県狭山市の被差別部落に住む一人の青年が逮捕されました。彼の名前を石川一雄といいます。彼は、警察による苛酷な取り調べのなかで、いったんは「自白」をしたものの、第二審の控訴審からは一貫して無実を主張し続けています。狭山事件再審弁護団は、二〇〇六年五月、第三次再審請求を申し立て、現在、東京高等裁判所で、再審をすべきかどうかについての審理がされています。えん罪によって青春を奪われた石川一雄さんは、一日も早く裁判所が証人・鑑定人尋問や証拠調べをおこない、再審開始の決定をし、真実を解明してほしいと訴えています。

この本は、原点にかえって、はじめて狭山事件のことを知りたいという読者にも、狭山事件の全体像をわかりやすく読むことができるように編集したものです。また、現在の第三次再審請求での新証拠も含めて、何がいま再審請求で問題になっているのか、ということも知ることができるようにしました。この本をつうじて、一人でも多くの人が、狭山事件に関心をもっていただければ幸いです。

目次

狭山事件とは

一九六三年五月二十三日、埼玉県狭山市に住む一人の被差別部落の青年が逮捕されました。彼は石川一雄さんといい、当時二十四歳でした。容疑は「暴行、窃盗」「恐喝未遂」でした。「暴行、窃盗」は些細《ささい》なもので、むりやりに警察が別件逮捕するために事件にしたものでした。警察の本当の狙いは、五月四日に死体で発見された女子高校生Nさんの「誘拐・殺害事件」で取り調べることにありました。

この事件はつぎのようなものでした。

五月一日、川越高校入間川《いるまがわ》分校一年生のNさん（当時十六歳）が、下校後、行方不明になり、同夜、Nさん宅に二十万円を要求する脅迫状が届けられました。脅迫状はNさんの高校の「身分証明書」といっしょに封筒に入れられており、玄関のガラス戸に差し込まれているのをNさんの兄が発見しました。家族はすぐに警察に届け、知らせを受けた埼玉県警は、翌二日深夜、身代金の受け渡し場所に指定された佐野屋という雑貨店周辺に警察官三十三人を張り込ませましたが、あらわれた犯人を取り逃がしてしまったのです。三日早朝から警察は山狩り捜索を開始、翌四日午前十時半、農道に埋められていた被害者の死体が発見されました。

石川さんは、逮捕から一カ月間、取り調べのあいだ一貫して無実を訴え続けました。しかし、ついに犯行を認める自白を始めました。七月九日、石川さんはNさん殺害事件で起訴され、翌一九六四年三月十一日、浦和地方裁判所で、わずか半年の審理ののち死刑判決を言い渡されました。

一九六四年九月十日、東京高等裁判所の第一回公判で、石川さんは、「私はNさんを殺していない」と自白を撤回し、一転して無罪を主張しました。しかし、一九七四年十月三十一日、寺尾正二裁判長は、一審判決を破棄し、無期懲役の有罪判決を言い渡しました。

弁護団はただちに最高裁に上告、一九七六年一月二十八日には上告趣意書と七つの新鑑定書を出しましたが、最高裁第二小法廷は事実審理をおこなうことなく、一九七七年八月九日、突然、上告棄却決定をおこなったのです。これによって二審の無期懲役判決が確定し、この年の九月八日、石川さんは千葉刑務所に移管されました。

その後も、石川さんは獄中から無実を叫びながら、再審（裁判のやり直し）を請求しています。一九九四年十二月二十一日、全国的な仮出獄を求める運動が実を結び、石川さんは仮出獄をかちとり、三十一年七カ月ぶりに、ふるさと狭山の地を踏んだのです。しかし、現在も、見えない手錠は石川さんにかけられたままです。

いま、石川さんは、再審の実現に向けて、全精力を傾けています。

それでは確定判決となった東京高裁の判決は、どのような判断をしたのでしょうか。まず、判決にもとづいて事件の筋書きを見てみましょう。

〈石川一雄さんは、それまでつとめていたI養豚場をやめたのち、兄のやっている鳶《とび》の仕事の手伝いをしていたが身が入らず、父親への借金を返し、東京へ行って働くのに金が必要であった（問1）。そこで、一カ月前に東京で起こった幼児誘拐事件、いわゆる「吉展《よしのぶ》ちゃん事件」をまねて、子どもを誘拐し、二十万円をとることを計画し、四月二十八日の午後、脅迫状を自宅で書いた（問2）（問3）。妹のノートを破った紙にボールペンを使い、漢字が書けないので、妹の『りぼん』というマンガ雑誌を手本にして、ふりがなを頼りに漢字を選んで脅迫状を書いた。脅迫状はジーパンのポケットに入れたまま、持ち歩いていた。

五月一日の朝、仕事に行くと言って、弁当箱をもって家を出たが、仕事には行かず、パチンコなどをして時間をつぶした(問18)。午後二時ごろ入間川駅にもどり、あてもなくブラブラと歩いて、山学校のほうへ行き、引き返したところ、十字路で自転車に乗った女子高校生Nさんがやって来たので、とっさに誘拐しようと考え、自転車の荷台を押さえて、「用がある」と言ってとめた。Nさんは、だまって雑木林までついてきた。途中、父親の名前と家の場所をたずねたら、すなおに答えた。

雑木林のなかにつれこみ、松の木に手ぬぐいで後ろ手にしばり、タオルで目隠しをした(問4)が、とくに抵抗はなく、腕時計と三つ折り財布をとった。急に強かんする気になり、いったん手をほどいて、松の木から離れたところでしばりなおし、近くの杉の木のところで押し倒して(問5)、強かんしようとすると、「キャー」「助けて」と大声で悲鳴をあげたので、右手をひろげて首を上から押さえつけた(問6)。強かんしおわって気がつくとNさんは死んでいた(問7)。

近くの檜《ひのき》の下で三十分ぐらい考えたあと、死体を両手で抱えて雑木林を出て、畑のなかの農道を通って二百メートル離れた芋穴《いもあな》まで運んだ（問8）。死体を芋穴のそばに置いて、荒縄と麻縄を盗んできて、芋穴に逆さづりにした（問9）。

被害者の自転車に乗って脅迫状を届けにNさんの自宅に向かった。途中で、カバン、教科書、ゴムひもを捨てた。カバンを捨てるとき、中から筆箱だけを取り出し、ポケットに入れて持ちかえった。Nさん宅の近くの農家で、「N宅は、どこか」とたずねた（問10）。Nさん宅の玄関の戸のすきまに脅迫状を差し入れた。

そのあと、以前つとめていたI養豚場に行きスコップを盗み、芋穴にもどって、死体を引き上げて、すぐそばの農道に穴を掘って埋めた（問11）。帰るときにスコップを近くの麦畑に投げ捨て、夜の九時すぎに家へ帰った。

翌五月二日の夜十時ごろ、身代金を奪うために、兄の地下たびをはいて家を出て、佐野屋の脇の畑で待った（問12）（問13）。十二時ごろ「おばさんのような人」がやってきたので声をかけたが、近くに人がいたようなので金をとらずに逃げて帰った。

その後、持ちかえった筆箱は風呂場のたき口で燃やし、中にあった万年筆は、かもいの上に置いた。腕時計は十一日ごろに路上に捨てた。〉

これが確定判決の筋書きです。この筋書きのほとんどは、石川さんの自白にもとづいています。また、寺尾判決は、自白以外にも、つぎのような客観的な有罪の証拠（「自白を離れて客観的に存在する証拠」）があるとしています。

①脅迫状と石川さんの筆跡が一致する。
②佐野屋の現場に残された足跡と石川さん宅から押収された地下たびの大きさと特徴が一致する。
③発見されたスコップはＩ養豚場のもので、死体を埋めるのに使われたものである。
④死体から検出された精液の血液型はＢ型で、石川さんの血液型と一致する。
⑤犯行に使った手ぬぐいやタオルを、石川さんは入手することができた。
⑥被害者の近くに住むＵさんが、五月一日夜にＮ宅がどこかをたずねた人物は石川さんであると証言している。
⑦被害者の姉らが、身代金を取りにあらわれた犯人の声と石川さんの声が一致すると証言している。

さらに、自白にもとづいて警察が捜索したところ、自白どおりに、カバン（問14）、万年筆（問15）、腕時計（問16）が発見されたということを「秘密の暴露」（真犯人しか知り得ない事実が自白によって判明したこと）として、有罪判決の根拠としてあげています。

これらが、確定判決が石川さんを犯人とする有罪の根拠です。

しかし、確定判決は、同時に、「科学的捜査の現段階においては、一般的にいって犯人と犯行を結びつける最も有力な証拠の第一は、何といっても指紋である」としているのです（問17）。つまり、さきに述べた七つの「自白を離れて客観的に存在する証拠」も決定打でないと認めているのです。

また、①の脅迫状と石川さんの筆跡が一致するという点についても、当時の石川さんには脅迫状を書く国語能力はなかったとする弁護側の主張に対して、確定判定は、「たしかに、被告人は教育程度が低く、逮捕された後に作成した図面に記載した説明文を見ても誤りが多いうえ漢字も余り知らないことが窺《うかが》える」としながら、「被告人は『りぼん』から当時知らない漢字を振り仮名を頼りに拾い出して練習したうえ脅迫状を作成した」と自白しているのだから問題はないとしています。自白を離れた客観的証拠と言いながら、じつは、こっそり自白を持ち出しているのです。

なぜ寺尾判決は、わざわざ「自白を離れて」と言っているのでしょうか。それは、

スコップを持った石川さん。不当逮捕直前の５月22日に撮影された（共同通信社1963年５月23日配信）

石川さんの自白が、多くの変遷をへ、随所に不自然、不合理な点があり、客観的証拠との矛盾が数多く存在するなど、問題が多いからです。寺尾裁判長は、本来おこなうべき自白の信用性の全面的な検討から逃げるために、「捜査の拙劣《せつれつ》」や「(石川さんは)嘘つき」などをもちだし、自白の問題を隠蔽《いんぺい》しているのです。「捜査の拙劣」があったならば、証拠の収集過程の適法性、自白の信用性はなくなります。石川さんは有罪という結論に合理的疑いがおき、無罪となるのが論理的な結論なのです。「秘密の暴露」についても、それがあると言うためには、自白が先か、証拠物の発見が先か、押収手続きや証拠価値に疑問はないのか、など厳密な検討が必要です。ところが、あとで説明するように、これらの点でも多くの疑問があるのです。

これから、こうした多くの疑問点を、読者のみなさんといっしょに考えていきたいと思います。

狭山事件の地図

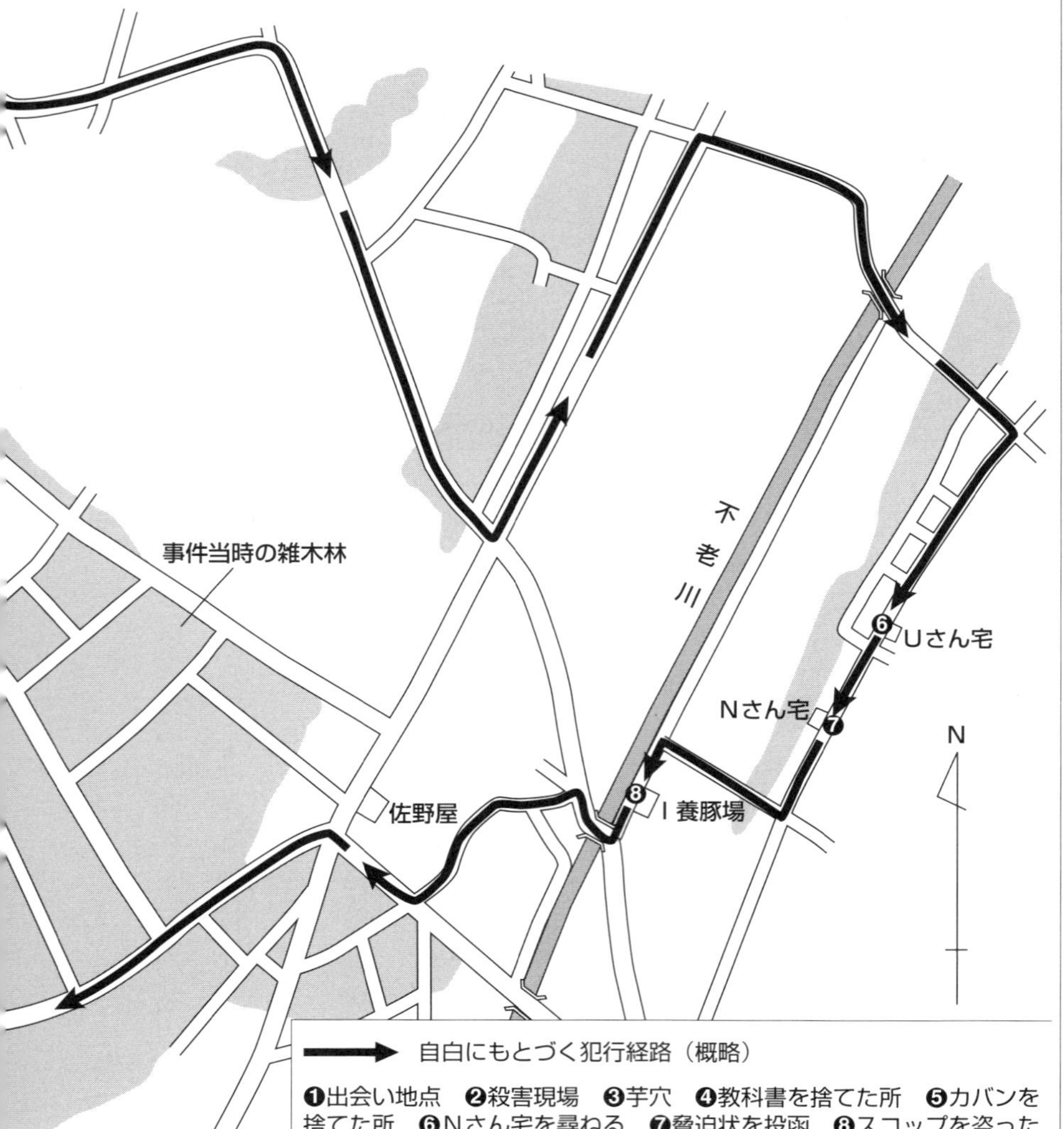

事件当時の雑木林
不老川
佐野屋
Ｉ養豚場
Nさん宅
Uさん宅
N
自白にもとづく犯行経路（概略）
❶出会い地点　❷殺害現場　❸芋穴　❹教科書を捨てた所　❺カバンを捨てた所　❻Nさん宅を尋ねる　❼脅迫状を投函　❽スコップを盗った所　❾死体を埋めた所　❿スコップを捨てた所　⓫腕時計を捨てた所

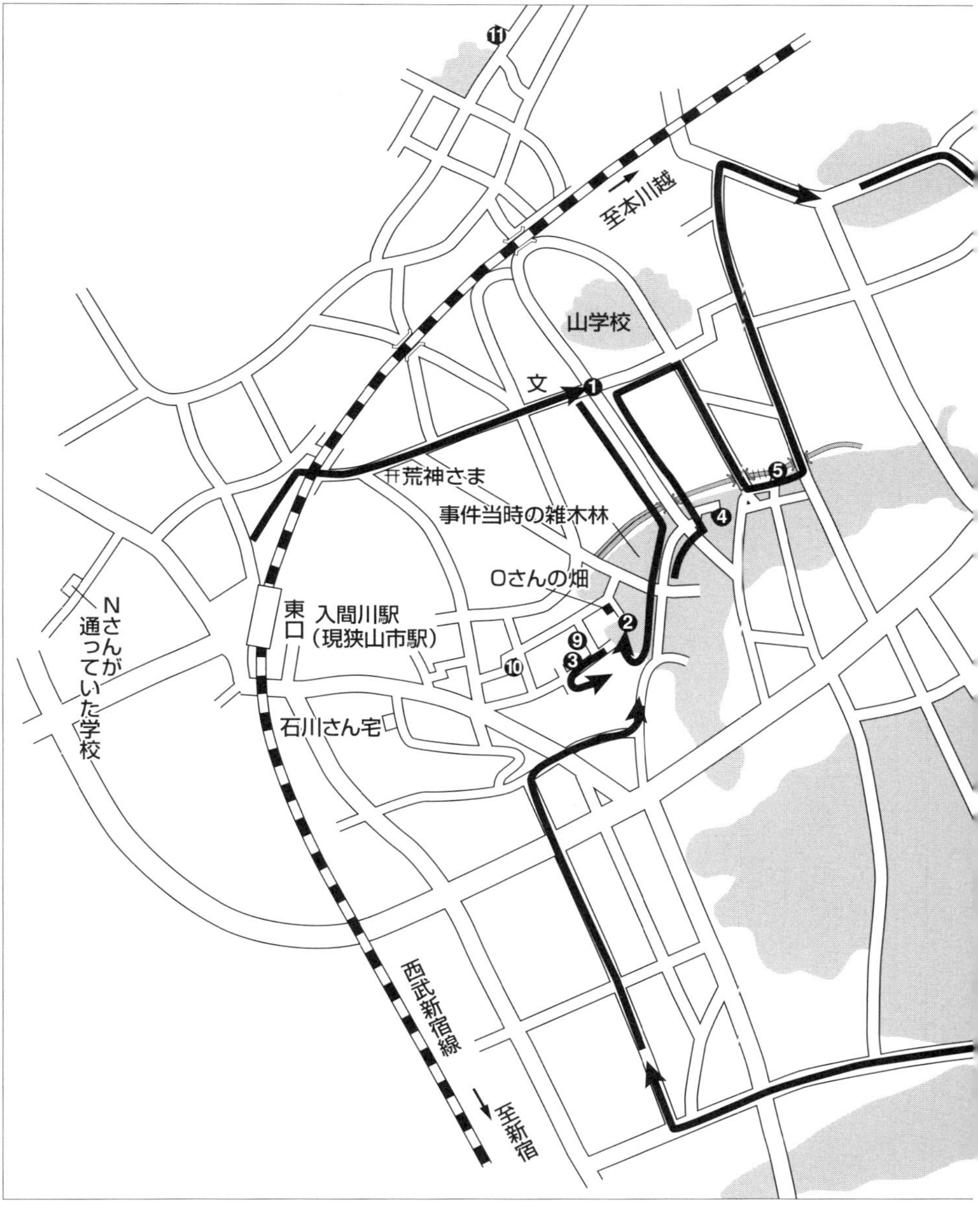
至本川越
山学校
文
荒神さま
事件当時の雑木林
Oさんの畑
東口
入間川駅
（現狭山市駅）
Nさんが通っていた学校
石川さん宅
西武新宿線
至新宿

問 1

石川さんに犯行の動機はあったのですか

犯罪の捜査では、動機が重視されます。動機こそが、犯行と犯人を結びつける重要な要因だからです。狭山事件では、犯人は身代金を要求していますから金めあての犯行と考えられます。石川さんの自白では、お金が必要になった理由について、①競輪に使うため、②オートバイを買う金や修理代、ガソリン代などで父に十三万円ぐらい借りており、それを返すため、③家にいづらいので東京に出るため、などと、いろいろと変化しています。

まず第一の動機ですが、当時、石川さんが競輪をしていたとしても、それに使っていた金額はたいしたものではなく、身をもちくずすほど、のめりこんだという様子もありません。また、そのために多額の借金をしたという事実もないのです。

二番目の動機が、父への借金の返済です。しかし、当時、お父さんが石川さんに金を返すように、やかましく催促していた事実もありません。

そこで、確定判決は、二番目の動機は「強きに過ぎると考える」として、三番目の「東京に出るため」という自白を、この事件の犯行動機としています。しかし、それだけの理由で、これだけの重大犯罪を犯すでしょうか。それに、自白では「板橋の姉のところへでも行って働こう」と思っていたというのです。金をとって、こっそり一人で東京へ行こうというのではないのです。ここからは、金をどうしても得なければならないという犯人としての緊張感や切迫感がまるで感じられません。

このように、いずれの動機も、誘拐を計画し、脅迫状を作成し、身代金をとるというような重大犯罪の動機としてはあまりに現実味がありません。しかも、ぐらぐらと変遷を重ねているのです。

このような自白のうつりかわりは、むしろ取り調べの警察官や検察官に言われて、無実の石川さんが「もし、自分が犯人だったら」という仮定のもとに、「犯行の動機を考えてしゃべった」というふうに考えると、よく理解できます。

問 2

脅迫状は、石川さんが書いたものでしょうか

この事件で犯人が残した客観的な証拠のひとつが、脅迫状（口絵2ページ）です。

そこで警察は、この脅迫状と石川さんの筆跡が一致するかどうかを確かめるために、石川さんの書いたものを探しました。しかし、当時の石川さんはほとんど字が書けなかったため、石川さんの書いたものはほとんどありませんでした。警察は、二～五年前に東鳩《とうはと》製菓の工場で勤めていたときの早退届を入手し、さらに逮捕二日前の五月二十一日に石川さんの家に出向き、事件当日、どこで、何をしていたかという、いわゆるアリバイを石川さんに書かせました。これが「上申書」（19ページ写真上）です。早退届四通とこの上申書を鑑定に出し、一致するとの「中間回答」をもとに石川さんの逮捕

に踏み切ったのです。そして、これらの筆跡と脅迫状の筆跡が同一人のものであるというのが、確定判決の認定です。

そもそも筆跡が同一であるということの証明は、ほんとうにできるのかという問題もありますが、少なくとも有罪の証拠とするからには、厳密に鑑定されたものでなければならないことは当然です。ところが狭山事件の筆跡鑑定は、有罪の証拠となった検察側の三つの鑑定いずれも、筆跡が異なる点を無視し、いくつかの文字の似ている個所だけを対象にしています。しかも鑑定人が目で見た感覚だけで、両方の文字が一致するかどうかを決めるという、伝統的な方法ばかりなのです。

その点について確定判決は、「多分に鑑定人の経験と勘《かん》に頼るところがあり、その証明力には自ずから限界があることは否定できない」と言いながら、「伝統的筆跡鑑定方法は、これまでの経験の集積と専門的知識によって裏付けられたものであって、鑑定人の単なる主観に過ぎないものとはいえない」と、矛盾した言い方をしています。そして、この三つの筆跡鑑定を根拠に筆跡は同一だとして有罪証拠にしているのです。

これらの鑑定は、埼玉県警鑑識課や警察庁（科学警察研究所）の警察技官が、石川さんを逮捕したあとに作成したものであり、ほんとうに客観的な鑑定をしているのかどうか、きわめて疑問です。

警察・検察や確定判決が無視した、石川さんの筆跡（上申書）と脅迫状の筆跡の相違点を、写真（19ページ写真下）で確かめてください。くらべてみて、「時」が違うのは明らかです。このことは、警察の鑑定でも認めざるをえませんでした。また警察の鑑定では、石川さんの書いた上申書の「ま」と脅迫状の「ま」の似ている部分を指摘していますが、上申書に出てくる別の「ま」は、最後の左から右へ丸く書く部分が正しく書けていません。さらに、脅迫状の「な」「け」「す」の文字には「右肩環状連筆《みぎかたかんじょうれんぴつ》」（たとえば、「な」「す」の第一と第二筆、「け」の第二と第三筆が連続して丸く書かれること）という、石川さんの文字とは決定的に異なる相違点があります。同じ文字でも、似たものだけをことさらに取り上げ、似ていないものは無視するというやり方は公正な鑑定とはいえません。

弁護側は、国語学者による鑑定、元警察鑑識課員による伝統的な方法による鑑定、統計的方法による鑑定など、さまざまな方法を取り入れて鑑定作業をおこなっています。その結果、いずれの専門家でも、脅迫状の筆跡と石川さんの筆跡は異なるという

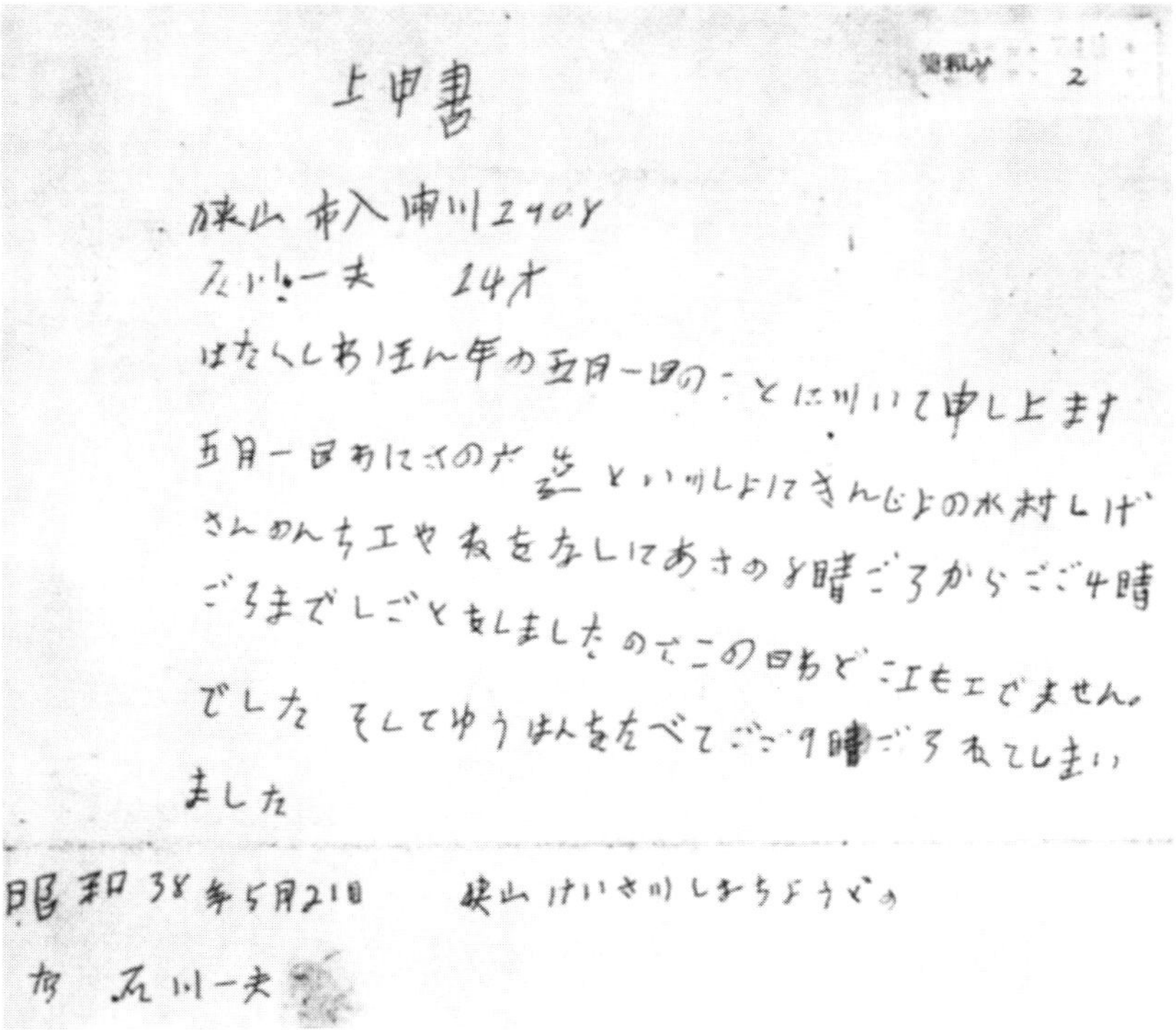

上申書

狭山市入間川2908
石川一夫　24才
はたくしわほん年の五月一日のことについて申し上ます
五月一日あにさの六造といっしょにきんじょの水村しげさんかんちエや家をなしにあさの8時ごろからごご4時ごろまでしごとをしましたのでこの日わどこエもエでません。でした　そしてゆうはんをたべてごご9時ごろねてしまいました

昭和38年5月21日　狭山けいさつしちょうどの
右　石川一夫

逮捕前の５月21日に石川さんが書かされた上申書（上）

石川さんの文字はたどたどしく、力を入れて書いているのに対し、脅迫状の文字は終筆部で力を抜いており、文字を書くことになれている（下）

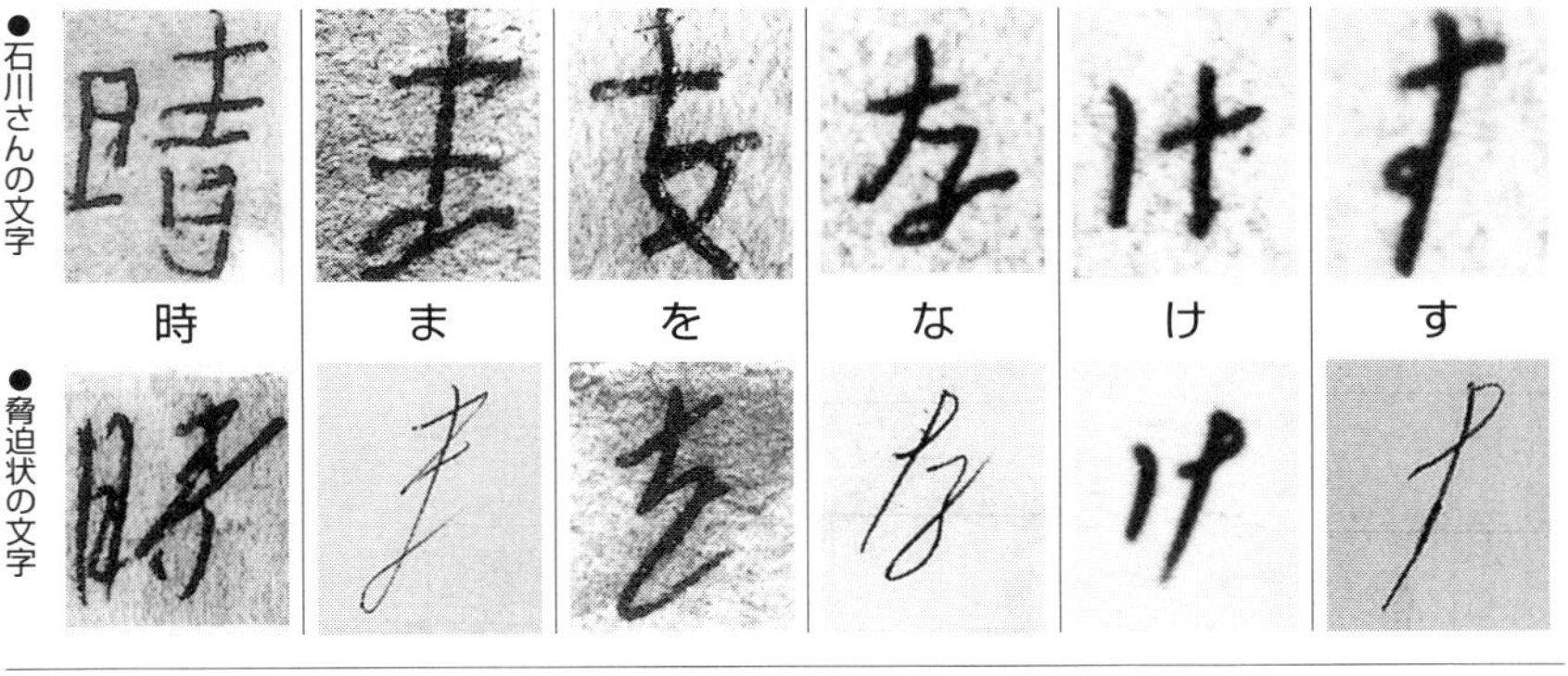

結論に達しています。

こうした弁護側の鑑定によって、裁判所は上申書と脅迫状の筆跡の違いを認めざるをえなくなりました。ところが裁判所は、「書字条件の違い」をもちだして異筆ではないとしているのです。つまり、「これら文書（上申書と脅迫状写しのこと）と他に人のいないところで自発的に作成されたことの明らかな脅迫状との間の書字条件には心理面等でかなりの相違があり、それに伴い、表現力、文字の正誤、筆勢の渋滞、巧拙につき差異が生じたとしても、何ら不自然とはいえない」として弁護側の鑑定をしりぞけています。しかし、そうすると、筆跡を同一とした警察側の鑑定は根拠が失われることになります。なぜなら、早退届を除いて警察側の鑑定は警察官の面前・取り調べ状況のなかで作成されたもので、「他に人のいないところで自発的に作成された」文章を鑑定資料としていないからです。

つぎに、当時の石川さんにこの脅迫状を書く能力があったのかどうかという問題があります。まず、脅迫状と石川さんの上申書を見比べると、脅迫状には当て字はありますが、漢字じたいは正しく書けているのに対して、上申書では誤字が多く見られます。確定判決でも、石川さんがあまり字を書けなかったということは認めています。しかし自白を根拠に、「漢字を知らないため、家にあった『りぼん』という少女漫画雑誌を手本にして脅迫状を書いた」、「だから手本があれば漢字のまじった脅迫状も書けたのだ」と認定しています。しかし、字をほとんど書けない人が、雑誌からふりがなを頼りに漢字を拾い出して書いていくという作業が、どんなに困難なことであるか、ちょっと想像しただけでもわかることです。

この『りぼん』についても、いくつもの疑問点をあげることができます。まず、手本にした『りぼん』が石川さんの家になかったという事実です。警察は三回の家宅捜索でマンガ雑誌を押収していますが、そのなかに『りぼん』はありませんでした。

つぎに、警察は、その『りぼん』のなかにどんな漢字が出てくるかを調べ、対照表にして捜査報告書を作っています。その報告書には、脅迫状のなかにある「刑札」の「刑」と「西武園」の「武」は『りぼん』にはなかったと書かれています。

被差別部落のなかでも石川さんの家はことに貧しく、目の悪かった母親を助けて石川さんは小さいころからよく働きました。そのため小学校四年ぐらいから学校を欠席がちになり、六年生はほとんど行っていません。むずかしい漢字はもちろん、さきほどの「ま」の字で見たように、ひらがなさえ正確に書けないものがありました。それなのに、脅迫状では、当時の小学校での教育漢字にはない「刑」や「武」の字も正しく書けています。

その点について確定判決は、「刑」については、石川さんは毎週「七人の刑事」というテレビ番組を見ていたから覚えていたのであり、「西武」は近くの「西武園」に行っていたので知っていたとも考えられると、まったくの推測で有罪に導いているのです。見ることと書くこととのあいだには大きなへだたりがあります。裁判所は、非識字者の存在や実態がわからないのです。そもそも、字を満足に書けない人間が、わざわざ脅迫状を書いてお金を脅し取ろうという発想をもつとは考えられません。脅迫状を書こうというのは、識字能力のある者の発想なのです。

裁判所は、「内田裁判長（第一審の裁判長）あて上申書、関源三（石川さんが親しかった巡査）あて手紙（23ページ写真）等では、自己の意思内容を的確に伝達するとともに、脅迫状程度の書字・表記を十分になし得る能力を示している」としています。

たしかに、逮捕直前に書いた警察署あての上申書にくらべて、関源三あての手紙は、逮捕後に文字を習得することで文字や文章も各段になめらかになっています。しかし

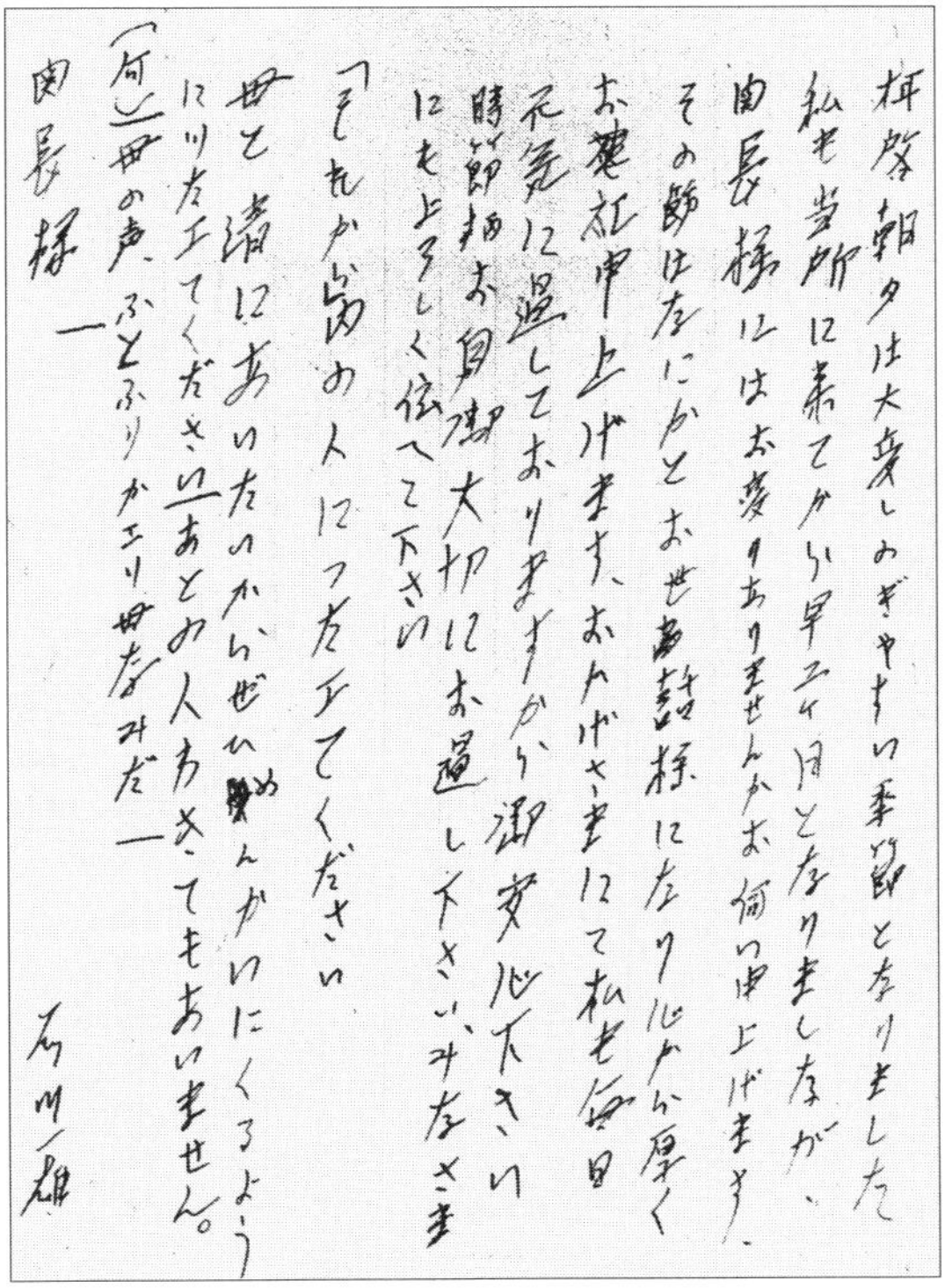
拝啓朝夕は大変しのぎやすい季節となりました
私も当所に来てから早二ケ月となりましたが、
関長様にはお変りありませんかお伺い申上げます。
その節はなにかとお世話様になりルからに厚く
お礼申上げます。おかげさまにて私も毎日
元気に過しておりますすから御安心下さい、みなさまま
時節柄お身御大切にお過し下さい
にも上ろしく伝へて下さい
「それからうちの人につたエてください
母と一緒にあいたいのからせひめんかいにくるよう
にツたエてくださいあとの人がきてもあいません。
(付)母の声 ふとふりかエリ母なみだ ―
関長様 ―
石川一雄

1963年9月6日付の関巡査にあてた手紙。漢字は68文字出てくるが、うち20文字が誤っている。30%近い誤字率になる

それでも、石川さんの文書には、多くの非識字者と共通する、脅迫状にはあらわれない、用字・用語の誤りがあります。関源三あての手紙の前半部と後半部を読み比べてみてください。前段の八行は拘置所の看守が書いた手本を石川さんが書き写したものであることは明らかです。「拝啓」「季節」など誤字がたくさん出現していることは、手本を見ながら書き写したことを示すとともに、手本を見ても正確に漢字が書き写せない低い漢字能力が現れているのです。一方、後段四行は、自分の考えにしたがって書いているために、使われている漢字が少なく、知らない漢字はむりに使わず書いています。ですから、前段では「伝へて下さい」と書いたものの、「伝」の漢字を知らないために正確に書き写すことができず誤字になっています。後段では、「つたエてください」「ツたエて

ください」というように、本来の能力で書けるひらかな・カタカナまじりで書いています。とても脅迫状のような書字・表記を十分になしえているとはいいません。

弁護側は、識字学級での聞き書き実験にもとづく意見書を提出しています。この意見書は、石川さんの書いたものには、非識字者と共通する用字・用語の誤りが見られ、脅迫状にはそのような誤りは見られないことを明らかにしています。

第三次再審請求で提出した意見書も、差別によって奪われた文字を取り戻す識字運動の歴史・現実を説明したうえで、漢字の使用状況の違い、石川さんの誤字、脅迫状の当て字、文章構成能力の違いなどを分析し、石川さんが非識字者であり、脅迫状を書いた犯人ではないことを明らかにしています。また、逮捕後の石川さんが取り調べ中に指導を受けながら文字を書いたりすることによって、時間とともに識字能力が発達していることを指摘しています。

さらに、確定判決が最終的なよりどころにした「脅迫状は自分が書いた」という石川さんの自白も、客観的事実とのくい違いや不自然な点がいくつもあるのです。たとえば、自白では、妹のノートを破って脅迫状を書いたとなっています。ところが、脅迫状に使われたノートのとじ目は十三でしたが、石川さんの家から押収された妹のノートのとじ目は脅迫状とは違うものです。このほかにも、自白では訂正個所はボールペンでとなっているのに、実際は万年筆であったり、封筒はつばでなめて封をしたと自白しているのに、実際には、だ液は検出されず、二種類ののりがついていたなど、脅迫状に関しても自白が事実と一致しない点がたくさんあるのです。

さらに、再審請求審段階で決定的なくい違いがいくつも明らかになりました。自白では、殺害後、雑木林で脅迫状に書いてある身代金受け取りの指定日を「五月2日」と訂正したことになっています。訂正前の日付けは自白では「28日」となっており、この日に脅迫状を書いたとされていますが、弁護団が、脅迫状をあらためてカラーフィルムで撮影したところ「29日」と書かれていることがわかったのです（口絵2ページ参照）。これは、重大な自白と事実のくい違いです。石川さんが脅迫状を書いたのであれば、身代金受け渡しに指定した日を「記憶違いする」ということはありえないし、ウソをつく必要もないからです。むしろ、「28日」と読み誤った警察によって自白が誘導されたことを示しているというべきです。このような自白の不自然さからしても、石川さんが脅迫状を書いたとすることは疑問だらけなのです。

問 3

封筒に残された「少時」の文字は、ボールペンで書かれたものでしょうか

脅迫状の入っていた封筒（口絵1ページ）の表には、上に「少時様」と書かれ、その「時」と「様」の部分に訂正線が入り、下に「中田江さく」と書きなおされていました。封筒の裏にも二カ所「中田江さく」と書いてあります。

石川さんの自白では、封筒のあて名の「少時様」という文字は、犯行以前（四月二十八日）に脅迫状の本文と同様にボールペンで書き、五月一日の犯行時に被害者から聞き出した「中田江さく」に書きなおしたということになっています。ところが「少時」は万年筆で書かれ、「様」はボールペンで書かれていたことが明らかになりました。

指紋検出後の「少時様」のカラー写真を見ると、「少時」の部分と「様」の部分では、インクの状態がまったく違っていることがわかります。これは、警察による封筒の指紋検出検査のさいに使用する溶液に対する反応に違いがあり、「様」の部分だけが溶解し、「少時」の部分は溶解しなかったからです。もし「少時」がボールペンで書かれていたとすれば、青色のインクが滲《にじ》みとして残るはずですが、「少時」部分にはこれが認められないのです。

これに対して、裁判所は、「少時」と「様」のインクの状態の違いは、溶液のかかりぐあいの違い、と強弁したのですが、当時の捜査官によると、封筒の指紋検査のさいには、封筒がバットの溶液にまんべんなくつけられ、溶液のかかり具合によって溶解に違いが生じる余地はないことが明らかになっています。

さらに、「少時」部分の筆記具が万年筆である根拠として、「少時」の背景に多数の筆圧痕《こん》が存在し（筆圧痕からは「女」「死」「2」の文字も判読できる）、筆圧痕からは二条線痕が認められることが指摘されています。二条線痕は、万年筆などのようにペン先が割れている筆記用具によって書かれた痕跡なのです。

また、「少時」の色調は、「中田江さく」や「時」「様」の訂正線と同じ赤紫色です。

「中田江さく」については、万年筆かペンで書かれていることに争いはありません。このことからも「少時」も万年筆によるものと認められるのです。

これらを総合すれば、「少時」とその背景の「抹消文字」（「少時」より先に万年筆で書かれ、その後、インク消しで消された文字）が万年筆かペンで書かれたことが明らかになります。

脅迫状のあて名は、石川さんの自白では、自宅にあったボールペンで「少時様」と書いたということになっています。家宅捜索で万年筆は押収されておらず、当時、石川さん宅には万年筆はなかったことは証拠上明らかです。石川さんが事件とは無関係であったことを明白に示しています。

さらに、封筒表裏の「中田江さく」の文字は犯行当日以前に書かれていることも、明らかになりました。

脅迫状と封筒から関係者二人の指紋が検出されています。つまり、事件当日に封筒は濡れていなかったことになります。封筒が濡《ぬ》れていれば、指紋検出が不可能だからです。ところが、封筒表裏の「中田江さく」には滲んだ跡があるのです。犯行当日、封筒は乾燥していたことから、これは、事件発生前に書かれ、いったん濡れたものが乾燥したことを示しています。

被害者やその父親の名前を知らなかった石川さんが、事件以前に「中田江さく」と書くことはできなかったはずです。この事実も、石川さんの無実を明らかにするものです。

しかし、裁判所は、「少時」と「様」を「肉眼で観察しても別の筆記具で書かれているとは認められない」などと、非科学的な判断で再審請求をしりぞけているのが現状です。

X線分析顕微鏡を使えば、封筒に書かれた文字のインクの元素分析（どのような元素が含まれているかの測定）がおこなえ、筆記用具の判別ができます。弁護側は、封筒文字のインクの元素分析をおこなうよう裁判所に求めています。

問 4

被害者の手を縛ったり目隠しをするために使った手ぬぐいやタオルは、石川さんと結びつくのですか

被害者は、手ぬぐいで後ろ手にしばられ、タオルで目隠しをされて、うつぶせに埋められていました。目隠しに使われたタオルには、月島食品という会社の名前が入っていました。警察の調べでは、同じタオルが八千四百三十四本作られ、月島食品が得意先などに配っています。

判決では、月島食品から石川さんが勤めていた東鳩製菓の工場へ贈られていたものを、石川さんが工場の親善野球大会に出てその賞品としてもらったことになっています。そして、検察側の「東鳩製菓は毎年盆暮れに五本か六本もらった。親善野球にさいしては、そのつど五十本ぐらいもらって野球チーム全員に配られていた」という主

張をもとに、石川さんがタオルを入手することは可能であると認定しています。しかし、それを証明する根拠は何もありません。

工場長だった人は、盆と暮れに五、六本ずつもらったということは覚えているが、

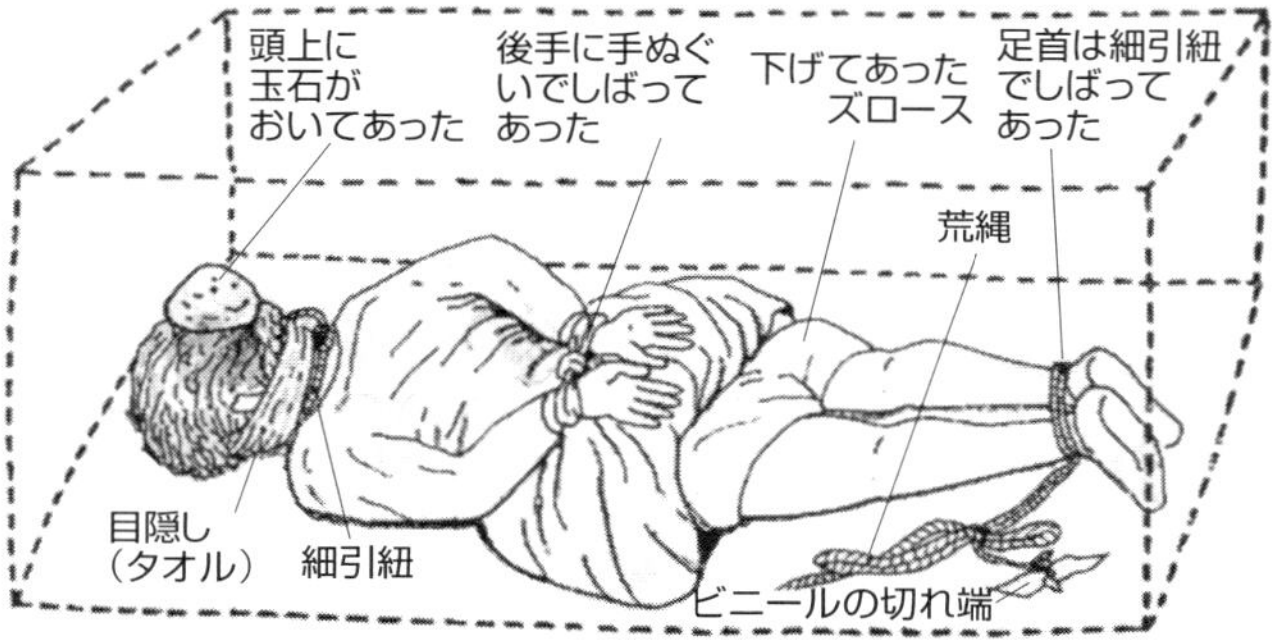

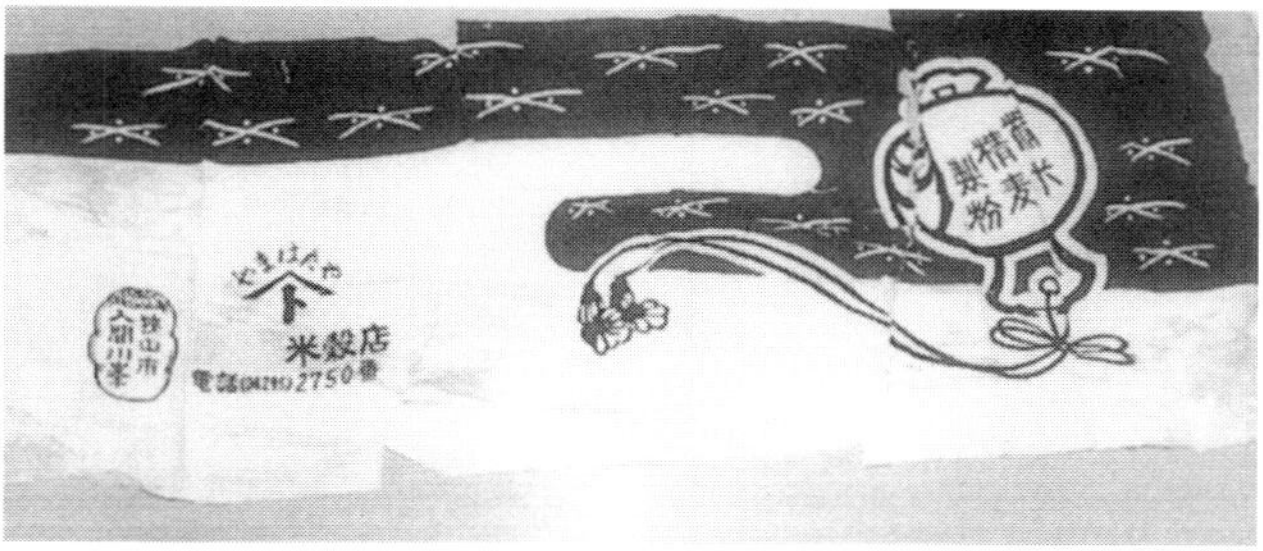

上段：死体の状況（狭山事件再審弁護団編『自白崩壊』日本評論社より）
中段：死体を後ろ手にしばっていた手ぬぐい
下段：目隠しのために使われていたタオル

野球の試合のときにもらっていたかどうかはわからないと証言しています。つまり、推測のうえにかろうじて成り立っているものにすぎないことを、客観的証拠として犯行と結びつけているのです。

後ろ手にしばっていた手ぬぐいは、狭山市内のI米店が一九六三年の年賀用として得意先に配ったもののうちのひとつです。I米店は配布先と何本配ったというメモを便せんに残しており、警察はそれを入手して、手ぬぐいがそれぞれの家にあるかどうか調べています。石川さんの家には配られた手ぬぐいが実際にあって、それは警察に提出されています。ですから、石川さんの家にあった手ぬぐいで死体がしばられているということはありえないのです。

警察の捜査では、どこにいったかわからなくて回収されなかった手ぬぐいが七本あるとされています。たとえば、ある人は着物の裏に縫い合わせたといいますが、検察はその現物を見て確かめたわけではありません。またある人は自分の家に手ぬぐいが見つからないものだから、燃やしたとか何かに使ったとか、いろいろ言い訳をしましたが、結局、ぜんぶウソだと判明しています。それでも、検察官はその人たちを深く追及していません。

被差別部落の者以外、そして石川さんと結びつく者以外は、不明な点があっても問題なしとして、最初から捜査の対象からはずしています。石川さんが手ぬぐいを手に入れることが可能であったという点にだけしぼられ、もっぱらねらいを石川さんの義兄宅と隣の家に定めて捜査が進められたのです。

まず、米店のメモでは、石川さんの姉の婚家に配られたタオルは二本ということになっています。義兄は一本しかもらっていないと主張しますが、米店のメモには「2」と書いてあって、一本しか回収されていないのであとの一本があやしい、というのです。しかし、手ぬぐいを二本配布したとされているのは義兄宅を含めて五軒だけです。義兄の家は前年夏ごろからI米店から米を買うようになったばかりで、当時生活が苦しく、米代の支払いも滞《とどこお》りがちだったことから、二本もらうほどのお得意先とは考えられません。

もう一軒、石川さんの隣の家については、本人はもらっていないというのにメモでは配ったことになっています。この家はかなり貧しく、米はそのつど少しずつ買っているという状態だったので、得意先のなかに入っていないと考えるほうがむしろ自然です。当人たちはもらった数や、もらったことを否定しているのですが、検察は、石川さんの家にあったものは犯行のさいに使い、両方のうちのどちらかから都合をつけてもらって、警察に提出したと推測されるというのです。

しかし、そもそもこの米店のメモには、何度か加筆・訂正のあとがあり、数回の集計の合計が配布先の数の合計とくい違っています。また、それらを説明する米店の親子の供述にもくい違いがあります。これらのことからみても、石川さんに結びつく義兄と隣人に配られた手ぬぐいの数を、警察がねつ造した可能性がきわめて濃いといわねばなりません。

検察官の報告書のなかの未回収となった人の説明の最後に、わざわざ「石川一雄との交友関係はない」とか「石川一雄一家とはつきあいなどまったくない」と書くなど、最初から石川さんが犯人であるという前提に立って捜査にあたっていたことは明らかです。このような予断と偏見で捜査した検察官の報告や証言だけをもとに、裁判所は手ぬぐいを有罪の証拠にしたのです。

問5

殺害現場は、ほんとうに杉の木の下だったのですか

自白の筋書きでは、石川さんと被害者は、出会い地点から七百メートルも歩いて雑木林のなかに入ったことになっており、そこが殺害現場とされています。しかし、この雑木林が殺害現場であるという判決の認定の根拠も、自白以外にありません。たとえば自転車を乗り入れたあとがあったとか、殺害地点とされているところに被害者の髪の毛が落ちていた、被害者の血痕があった、などという物的な裏づけがいっさい示されていないのです。

さらに、再審請求後の一九八一年に、検察側が証拠開示をしたもののなかに、Oさんに関する捜査報告書がありました。

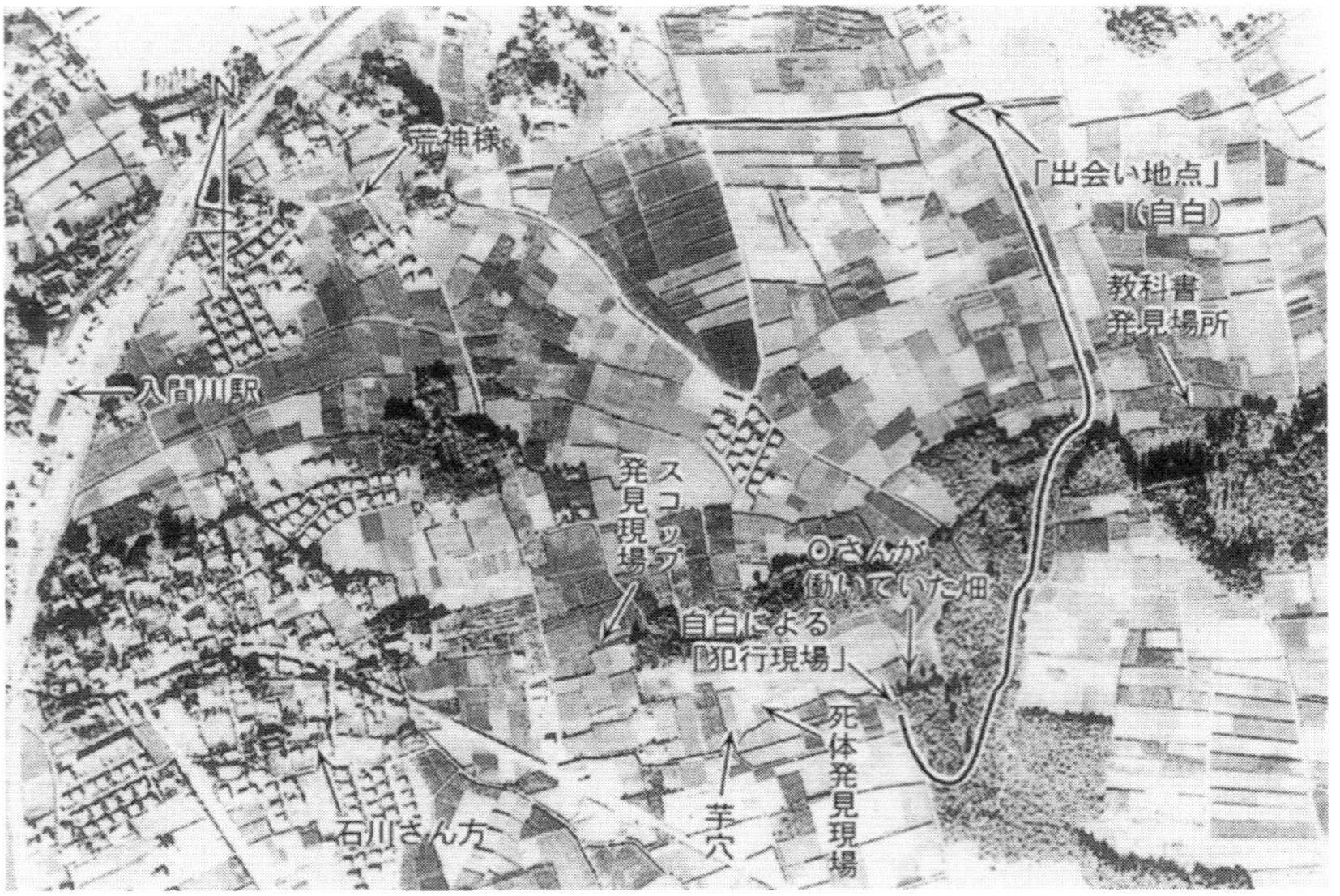

事件の各現場を示したもの。「出会い地点」から雑木林にいたる「自白」の経路とOさんの桑畑

それはOさんが「犯行時間」と重なる時間帯に、殺害現場とされる雑木林のすぐ隣の桑畑で農作業をしていたという内容のものでした。しかも、事件当時、警察に呼ばれて供述調書をいくつもとられており、そのなかでOさんは「悲鳴を聞いていない、人影も見なかった」という供述をしているのです。

自白では、雑木林のなかで強かんしようと思い立って、被害者をしばりつけていた木からはずして後ろ手にしばりなおし、近くの杉の木につれていって、押し倒してズロースを膝《ひざ》まで下げ、強かんをしたとなっています。押し倒されて、被害者はここではじめて助けを求めて、繰り返し大声をあげたことになっています。

この自白とOさんの証言は完全に矛盾します。

自白がほんとうなら、Oさんがいたところと被害者が悲鳴をあげたとなっているところは、二十メートルから四十メートルくらいしか離れておらず、「キャーッ、助けてー」という声を聞いていないことはありえません。実際に現場を見て、距離を確認すると、Oさんの証言と自白の矛盾がよくわかります（口絵3ページ参照）。

Oさんは桑畑の横の道に車を乗り入れて除草剤をまく作業をしていました。車をとめていた位置から強かん・殺害したとされている杉の木は、まっすぐ見通すことができます。Oさんは散布を始めてから終わるまで、十回ぐらい車まで行き除草剤を補給しました。その間、周囲を見回したが、人影は見なかったといいます。

もし石川さんがほんとうに雑木林にいたのであれば、Oさんの存在に気づいたでしょうし、車も見えたはずです。すぐ近くに人がいる場所で、木にしばりつけたり強かんしようとしたということは考えられません。あまりにも無謀すぎます。そして被害者も農作業をしている人に助けを求めたに違いありません。農作業を終えたOさんは噴霧器を車に積みこみ、車のエンジンをかけ、止まっていたところからいったんバックして現場を離れています。そのエンジンの音に気づかないということもありえません。

しかし、石川さんの自白には、農作業をしている人がいたという話はまったく出てこないのです。

Oさんは、「事件当時から、ほんとうにそこ（雑木林）で犯行があったのだろうかと疑問に思ってきた。もしそこで被害者が悲鳴をあげたのであれば私はそれを聞いているはずだが、そのような悲鳴は聞いていない。犯人のほうも、私が農作業をしている音を聞いているはずだ」と、事件から十八年たった時点でも弁護団の質問に答えて、明言しています。

Oさんを取り調べた検察官が、そのあとに石川さんを取り調べており、その検察官が犯行現場は雑木林のなかだという自白調書を作成しています。当然、その検察官は、石川さんに「だれか見なかったか」と質問すべきはずなのに、そういうことはまったくしていません。検察官自身、その矛盾に気づきながら、自白させていたと言わざるをえません。Oさんの証言からも、石川さんの自白の不自然さからも、雑木林は殺害現場でないことは明らかです。

警察は何度も殺害現場の実況見分をしているのですが、検察は実況見分調書や捜査報告書のうち、ごく一部しか裁判所に提出しておらず、証拠開示もしていません。たとえば、死体の後頭部に傷があったので、県警鑑識課員は殺害現場の血痕反応検査をしました。この人は殺害現場からは、「血痕反応は出なかった、結果は報告書として県警に提出した」と証言しています。しかし、弁護側がその報告書の開示を求めても、検察はそのような報告書は見当たらないと答えています。検査をした本人が「報告書は提出した」と言っているのですから、ないはずはありません。

また、おかしなことに、通常の殺人事件であれば当然するはずの「引きあたり」(被疑者を犯行現場につれていって、犯行の詳細を指示説明させること)という捜査の常道を、狭山事件ではいっさいおこなっていません。これほどの大事件でありながら「引きあたり」をしなかったのはなぜでしょうか。

石川さんが犯人ではなく、自白がウソであることが明らかになることをおそれたからではないでしょうか。

問6

手で首を押さえつけて殺したというのは、ほんとうですか

五月四日に被害者の死体が発見され、その夜、埼玉県警鑑識課員の五十嵐医師が死体を解剖し、鑑定書を作っています。これが、いわゆる「五十嵐鑑定」です。

この五十嵐鑑定によると、死因は扼殺《やくさつ》（手で首を押さえつけて殺すこと）となっています。確定判決は、それを根拠にして殺害の方法は扼殺であり、右手を広げて首を押さえつけて殺したという石川さんの自白とも一致しているとして、有罪の理由のひとつにしています。

これに対して弁護側は、五十嵐鑑定とその添付写真をもとに、複数の法医学者に殺害方法の鑑定を依頼しました。その結果、いずれの法医学者も殺害方法はやわらかい

布状のものによる絞殺《こうさつ》（帯状のもので首を絞めて殺すこと）であると鑑定しました。

五十嵐鑑定の誤りを具体的に見ていくと、扼殺説の最大の根拠に、首の前部分の圧迫痕がはっきりしていること、つまり、解剖してみると手のひら大の皮下出血が二つあったことをあげています。しかし、それくらいの大きさの皮下出血があったとすれば写真からでも確認できるはずなのに、五十嵐鑑定がいう場所に皮下出血は見られません。

弁護側鑑定は、解剖のさいに、皮膚《ひふ》を動かす筋肉からの出血を皮下出血と見誤ったのではないかと指摘しています。見誤りであれば、圧迫の痕跡が明らかとはいえなくなり、扼殺であるとした最大の根拠が消滅します。

また、五十嵐鑑定は、首の前部分に爪や指の圧迫のあとがないことを上肢（手掌、前膊、上膊）あるいは下肢（下腿など）による扼殺と判断した理由にしていますが、これはまったく逆で、通常、爪や指による圧迫のあとが認められるからこそ扼殺と判断するのです。

さらに、首にひもなどのあとがない、皮膚がはがれていないとして、死因は扼殺であるというのですが、タオルやマフラーなどの幅広くやわらかいもので絞めた場合、

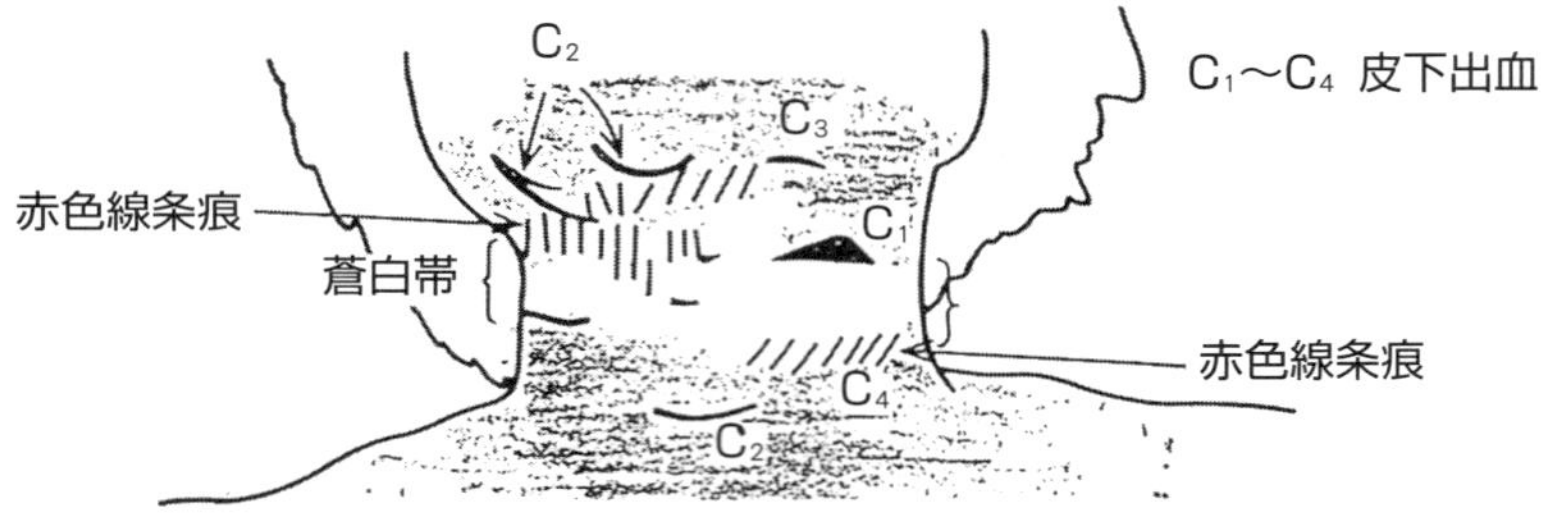

弁護団側の鑑定書にもとづく前頸部の痕跡（狭山事件再審弁護団編『自白崩壊』日本評論社より）

首にあとが残るとはかぎりません。五十嵐鑑定は、幅広くやわらかいもので絞められたあとかどうかの検討をまったくしておらず、細く硬いひも状のものによって生じる痕跡のことしか頭になかったようです。ひも状のあとがなく、皮膚のはがれがないので絞殺ではないと判断するのはあまりにも短絡的で、ひもの種類や性質の違いによる痕跡の有無や状態を検討することは法医学上の常識なのです。

写真によって確認されるはずの手のひら大の皮下出血はまったく認められず、反対に、弁護側の鑑定人は五十嵐鑑定が見落としていた首の前面の蒼白帯《そうはくたい》（青白く帯状になった部分）の存在に注目しました。上の図を見てください。五十嵐鑑定が死斑《しはん》としていた赤色の線条痕、「死斑に近いもの」とあいまいな判断しかしてこなかったC1と名づけられた変色部分、それとこの蒼白帯は同時にできたものであり、いずれも絞殺に特有のものであること、幅のあるやわらかい索状物でかなりの力で圧迫された結果であると鑑定しました。

首の痕跡をなんの説明もなしに扼殺と決めつけたことからわかるよ

うに、五十嵐鑑定にはいくつもの不備があります。五十嵐鑑定はおもに肉眼的観察のみにもとづいた死体鑑定であり、必要な組織学的検査（主要臓器や首の皮膚の組織学的検査、首の圧迫反応など）は、すべて省略されています。

これほど解剖学、法医学のイロハをわきまえない鑑定では、明白な所見にもとづいた判断とはとてもいえません。それなのに、検察側は第二次再審請求に対する意見書とともに、五十嵐鑑定はまちがっていないという新たな鑑定を出してきました。この鑑定によると、石川さんが被害者のブレザーとブラウスの襟《えり》をつかんで首を押さえつけ、襟があたってできたのがC_1の傷であり、また、死体はうつぶせに首を前にぐっと曲げて埋められていたので圧迫されて蒼白帯ができたのだとして、五十嵐鑑定の誤りを合理化しようとしています。しかし襟をつかんだという石川さんの自白はありません。しかも、強かんをしながらこのような態様をとることは不可能だといえます。

死体の首の痕跡が石川さんの自白では説明できないために、証拠上なんの根拠もないことを持ち出して、推測を積み重ねて、自白と矛盾しないということをいまさらのように説明しているのです。

また、死体があごと首が接するぐらい頭を曲げて埋められていたという根拠はありません。死体が掘り出されたときに警察がとった写真にも、鑑定のいうような首を前に曲げるようにして埋まっていた状態を示すものは一枚もないし、実況見分調書にもそのような記載はありません。検察側の新鑑定は、根拠にもとづかない、自白にもないことをあげて、五十嵐鑑定のまちがいを言いつくろうために出されたインチキな鑑定であるといわざるをえません。

問 7

石川さんの血液型と犯人の血液型は、ほんとうに同じなのでしょうか

狭山事件はいわゆる強かん・殺害事件ですから、五十嵐医師は被害者の体内に残された精液の血液型の鑑定も同時におこなっています。確定判決は、犯人の血液はB型で石川さんの血液型と一致するという鑑定結果を有罪証拠のひとつにしています。

しかし、日本人のおよそ二割がB型であるといわれています。血液型の判定方法であるABO式血液型検査とMN式血液型検査の二つでも一致するB－MN型である人は一割いるのですから、かりに犯人と石川さんの血液型が同じであったとしても、それだけで石川さんが犯人だということはできません。血液型の一致はその程度のものでしかないということを最初にいっておきましょう。

ここでも問題になるのは、五十嵐鑑定の不正確さです。殺害方法に関する五十嵐鑑定には、かんじんな点の見落としや見誤りがありました。同じように、血液型の検査にも、検査内容や方法にいいかげんなものがあります。

体内に残された精液は、被害者の体液とまじっていますから、被害者の血液型がわからなければ精液の血液型は確定できません。被害者の血液型は、解剖時に五十嵐医師が検査しており、O型と判定していますが、その方法はたいへんズサンなものでした。

通常、ＡＢＯ式血液型検査には、血液成分中の赤血球と血清をとって、「おもて試験」（赤血球の型を調べる）、「うら試験」（血清の型を調べる）という両面のテストをし、それぞれの結果が矛盾なく合致したときに、はじめてその人の血液型が判明します。「おもて試験」と「うら試験」をおこなうのは、ひとつにはまちがった判断をチェックするため、もうひとつは、A、B、O、ＡＢ型以外の特殊な血液型（亜型や変異型）の可能性はないかどうかを調べるためです。

両方の試験は、事件発生以前から今日まで、当然実施しなければならない検査項目です。しかし、五十嵐鑑定では「おもて試験」だけで、「うら試験」は省略されています。それだけでも鑑定の信用性は低いのに、「おもて試験」の方法も適切ではないのです。

「おもて試験」では、調べる血球に試験用の血清をまぜて、凝集するかどうかを見ます。この試験用に使う抗血清には凝集する力（力価または凝集素価という）に基準があります。厚生省の基準では、力価二百五十六倍以上の血清を使わなければならないことになっています。凝集力が低くなっている血清をもちいて調べると、凝集がおきていないと判断して、O型とまちがってしまうからです。ところが、五十嵐鑑定で使われたのは力価八倍という驚くほど低い血清なのです。五十嵐鑑定の「おもて試験」で反応がおこらなかったのは、使った血清の力価が低いためで、そのためほかの血液型をO型と誤って判断してしまった可能性を否定できないのです。

いずれにしても、「うら試験」もおこなわず、しかも低い力価の抗血清を使った「おもて試験」だけという五十嵐鑑定の血液型検査を信用することはできません。

弁護側の鑑定人は、このように五十嵐鑑定の血液型の検査には法医学上の致命的な欠陥があると断定しています。つまり、被害者の血液型はO型と特定できないし、したがって犯人の血液型もB型とはかぎらないことを指摘しています。

血液型の一致ということが石川さん逮捕のひとつの決め手になっていますが、このようないいかげんな検査の結果で石川さんは逮捕されたのです。

検察側は第二次再審段階で新たに鑑定書を提出し、五十嵐鑑定の血液型の検査にはいろいろな点で不備があるが、まちがう確率は低いという言い方でごまかしています。しかし、この新たな鑑定書を書いた当人自身が、論文などで「（血液型検査を誤る理由として）ＡＢＯ式血液型検査は簡単なやさしい検査であるとの先入観から安易に検査を行っているから」であり、「そのほとんどは検査実施者のＡＢＯ式血液型に関する知識不足とウラ試験の省略によるものである」と指摘し、「有能な血液型専門の研究者でさえ、基本をおろそかにすることによって、しばしば誤りを犯すことを忘れないでほしいものである」と書いています。つまり、「おもて試験」「うら試験」の重要性を説いているのです。また、「技術的なミスでは判定用血清の不良、これは期限内のものでも保存条件が悪いと力値が低下したりして誤判のもとになる」とも指摘しているのです。

このように、五十嵐鑑定の血液型判定には致命的な欠陥があり、血液型を有罪証拠とすることは誤りです。

問8 一人で死体を二百メートルも運ぶことができるのでしょうか

石川さんの自白では、殺害後、檜《ひのき》の下で三十分ほど考えこみ、畑のなかのさつまいもを貯蔵するために掘られた穴（芋穴）に隠すために、死体を両手で前にかかえ、農道をつたって運んだというのです。

殺害現場とされたところから芋穴まで、自白では四十〜五十メートルとなっていますが、実況見分で検察官が測った結果、実際には二百四メートルありました。

芋穴まで死体を運んでいったという自白について、いろいろな疑問が浮かんできます。まず、なぜ雑木林の中から死体を運び出したのだろうかという点です。雑木林から見通しのきく畑のほうへ出て、農道を通って芋穴まで死体を運ぶほうが、人目につくのです。雑木林のほうが人目につきにくく、そこに隠していたほうがよほど安全なはずです。

脅迫状のところでも書きましたが、石川さんは母親思いの働き者で、炊事用のたきぎ拾いも母親の代わりによくしました。そもそも犯行現場とされている雑木林は石川さんにとっては、家に近く、たきぎを拾ったなじみ深いところでした。航空写真で見ると（36ページ写真参照）、運んでいったとされる経路は人家のあるほうに向いて行ったことになります。ほんとうの犯人であれば、本能的に人に見つからない方向に向かうのではないでしょうか。しかも、自分の家のほうにです。死体を運んだとされる時間はまだ夕方です。もし、人に出会ったらどうするのでしょうか。雑木林から運び出したという自白自体がきわめて不自然です。

つぎに、死体を前にかかえて二百メートル運ぶということが現実にできるのでしょうか。被害者の体重は五十四キロで、死後硬直が始まる前のダラッとした状態です。服は雨に濡れています。

弁護団は被害者と同じ五十四キロの重さの人形を自白のような方法でどれだけ運べるかという実験をしました。ボディービルや水泳などをしてかなり腕力のある人たち

ボディービル歴1年の男性でも、
50メートルしか運べなかった

がモデルになったのですが、自白どおりの方法では持ち上げることすら容易ではなく、四人のうち、一人はまったく運べず、あとは五十メートル、百メートル、百六十六メートルが限界で、二百メートル運べた人は一人もいませんでした。

重いものを長距離運ぶのであれば、肩に担ぐとか引きずって運ぶとか、いろいろな運び方があるのに、両腕で前にかかえ、しかも途中休んだとか持ち変えたといった供述のでてこない自白は、いかにも不自然です。科学的にみても、心拍数や疲労度が限界まできて、とても運びきれるものではありません。

五月一日は午後四時三十分ごろから雨が本降りになっています。「表層十センチくらいの土は水をふくみ、粘着性となっている」という記録があります。そのような状況のなかで五十四キロの死体を両手でかかえて運べば、足は土の中にくいこみ、歩きづらくなっているはずです。二百メートルの距離を一回も休まず、姿勢を変えずに運ぶことなど不可能です。

また、五十嵐鑑定は、死体には腹部と足に死後の擦過傷があり、死後「引きずられた」と判定しています。とくに右足太ももの二カ所の擦過傷について五十嵐鑑定人は、「それは地面なんかを引きずった場合でもなければ普通こういう擦過傷はできません」と答えています。しかし、石川さんの自白では、死体を前にかかえて運んだ、となっていて、「引きずっていったようなことはありません」とはっきり否定しています。これでは、死体にある引きずられた跡の説明もできないままです。

問9

死体を芋穴に逆さづりにして隠したということになっていますが、死体や芋穴にその痕跡はあったのですか

死体をかかえて畑のなかの芋穴まで運び、いったん芋穴のそばに死体をおいて、荒縄と木綿のロープを近くの新築中の家から盗み、その木綿のロープを死体の足首にかけ、その先に荒縄をくくりつけ、死体を芋穴に逆さづりにして隠した、というのが石川さんの自白です。では、逆さづりにしたという自白に見合う痕跡があったのでしょうか。

自白どおり、死体を逆さづりにして穴の中で上げ下げすれば、被害者の体重は五十四キロですから、足首にかなりの力がかかります。当然、死体の足首にロープがくい込んだあとやロープがこすれてできた傷など、なんらかの痕跡が残るはずです。

弁護団では五十四キロの体重の人の足首に、同じ木綿のロープを巻いて、芋穴の深さと同じ高さに滑車を設定して、ゆっくり上げ下げをする実験をしました。また人形を芋穴から出し入れする実験もしました。そのさいに被験者や人形の足首にどれくらいの力がかかるか測定しました。

五十四キロの体重だから足首にかかる力も五十四キロだと単純に思うでしょうが、実際はそうではありません。ズルッと落としそうになり、あわててぎゅっと引っ張りあげる、すると足首が締めつけられるというふうに、頭で考えるほど上げ下げはスムーズにはいきません。急に上げたり、ズルッと落としてしまったりすると、足首には体重の倍ぐらいの力がかかることが、この実験でわかりました。

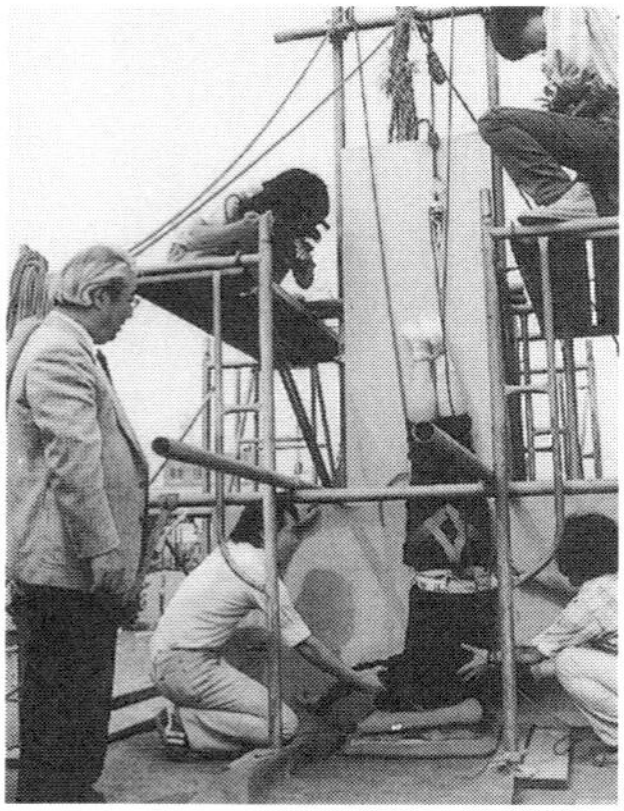

死体を芋穴に逆さづりにしたという「自白」についても再現実験がおこなわれた。54キロの体重の人を逆さづりにして、ゆっくり上げ下げして足首の状態を調べる

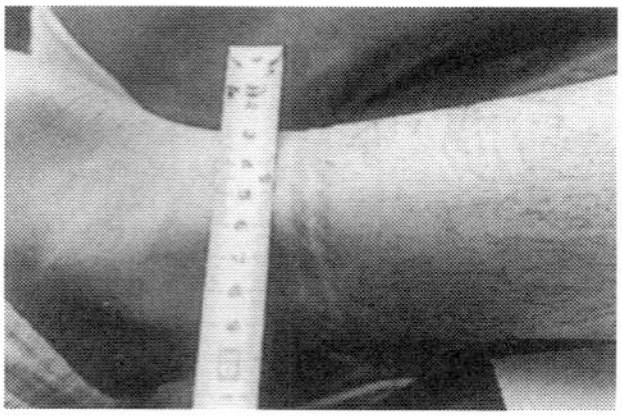

再現実験の結果、足首にはヒモのくい込んだ跡や皮膚のむけた痕跡が激しく残った

死体を一時隠したとされる芋穴。幅77センチと62センチ、深さ270センチで、上にはコンクリートの蓋があった。底には三方に3〜4メートルの横穴が掘られている

確定判決は、ソックスをはいていたうえに、狭い穴での出し入れ作業で静かにおこなったからあとが残っていなくてもおかしくないと言っています。しかし、実験ではソックスをはかせ、ゆっくり上げ下げしたとしても、足首にロープがくい込んだあとができ、こすれて皮がむけ、皮下出血をおこすという状態になりました。死体に逆さづりの痕跡がまったくないということは、逆さづりにしたという自白がウソであることを示しています。死体を解剖した五十嵐医師も、「死体の足首にはなんの痕跡もなかった。芋穴に逆さづりにしたという自白は疑問に思う」と述べています。

もうひとつ重要なことは、殺害現場で押し倒した際にできたとされる後頭部の傷からの出血のあとが芋穴にないという点です。芋穴の血痕を調べたルミノール反応検査報告書が、第二次再審で弁護側の再三の要求で開示されました。その報告書には、検査をしたが反応はなかったとはっきり書かれています。

第一次再審請求に対する棄却決定などでは、死体を芋穴に入れるさいには、傷からの出血はかたまっていて流れ出る状態ではなかったと認定しています。

ところが、そうではないのです。島田事件の再審開始決定（一九八六年五月二十九日付、静岡地裁）では、窒息死体の場合、死後二時間半から三時間半で血液は流動性になり、いったん傷口の血が固まってもその凝血がふたたび溶けて体内の血が流れるという認定をしています。狭山事件では、午後四時半ごろ殺害され、六時ごろから九時ごろまで芋穴に入れられていたことになっているので、「二時間半から三時間半」というのは午後七時から八時であり、もし死体が芋穴に逆さづりにされていたのであれば、芋穴の中にかならず流動性の出血があったはずです。

確定判決などは、後頭部の傷からの出血は多量ではなかったと述べていますが、ルミノール反応検査では二万倍に薄めた血液でも検出できるとされています。確定判決がいうようにたとえ少量の出血であったとしても、出血があれば必ず血痕反応は出ているはずです。芋穴や殺害現場とされた場所に血痕がなかったことからも、石川さんの自白がウソであることは明らかです。

問10

石川さんの自白では、脅迫状を届ける途中で被害者の家がどこかを尋ねたということになっていますが、ほんとうでしょうか

確定判決は、事件当夜にNさん宅の所在をたずねてきた者がおり、それが石川さんだとするUさんの証言を有罪証拠のひとつとしています。

石川さんの自白では、被害者を雑木林に連れ込む途中で、被害者に父親の名前や自宅の場所を聞き出してから殺害し、死体を芋穴に隠したのち、被害者の自転車に乗って脅迫状を届けたことになっています。そして、被害者の家の近くに来たところで、Nさんの家はどこかとたずねたことになっています。

しかし、そもそもこの自白はたいへん不自然です。脅迫状を届けにいくという犯人が、近くまできて、素顔のまま、届け先である家の場所を人に聞くでしょうか。犯行

の内容からいっても、人に見つからないように警戒するのがふつうではないでしょうか。場所をたずねた先がたまたま被害者の家だったということもありうるわけですから、なんとも奇妙な自白といわねばなりません。

では、この目撃証言に問題はないのでしょうか。Uさんの一九六三年六月五日付の調書によれば、夜間、あかりのないところで、ごく短時間、たずねてきたという人物と顔を合わせたにすぎません。Uさん自身は二、三分と言っていますが、証言内容からすると一分たらずとみられるぐらいの短い時間のことなのです。Uさん自身「時間が一、二分の短い間でしたので、細かい点まで記憶しておりません」と調書のなかで述べているのです。そんな状態で、ほんとうに、雨の夜、薄暗い玄関先で見た男が石川さんだったと確認できるのでしょうか。しかも石川さんを確認したのは、事件から一カ月以上あとのことなのです。

さらに、問題は、確認のしかたです。Uさんはいきなり石川さんとの面通しをさせられています。確認にさいして、複数の人のなかから事件当夜会ったという人物を特定するという方法を警察はとっていないのです。

それにもかかわらず、このときの調書を見ると、Uさんは「この人だと云いきる訳にはいきません」と断定できていないのです。また、声についても、「よくわかりません」と答えているのです。しかし、これが一審の裁判では「そうです、そうです、この人です」と変わるのです。

目撃証言は、そもそも危険だといわれています。証人に立った人は、この人が犯人として捕まっているのだと言われれば、そういう先入観で見てしまいます。とくに、狭山事件では、五月二十三日に石川さんが逮捕されて、新聞には連日にわたって石川さんを犯人と決めつけるような報道が顔写真入りで出ていたのです。Uさんだけが、そのような目で石川さんを見ていないとはいえないでしょう。そのことからだけでも、Uさんの目撃証言は信頼できるとはいいがたいのです。

さらにおかしなことは、Uさんが、事件当夜Nさんの家をたずねてきた男がいるということを捜査本部に届けるのが、事件から一カ月以上もあとの六月四日になってからだということです。Uさんの家は被害者の家から道路をへだてた四軒隣にあります。警察は事件直後に、事件当夜不審な者を見かけなかったか、Nさん宅周辺で聞き込み捜査をしています。当然、Uさんの家もその対象に入っています。だから、一カ月もあとになってから警察に届けるというのは、どうしても不自然だといわなければなりません。

しかもその理由として、「捜査状況を見ておりますと犯人は挙がったけれども、色々の証拠がなく今なお警察が苦労して捜査を続けている姿を見て（警察に協力しようと思った）」からだというのです。当初から、Uさんの警察への迎合的な姿勢は明らかなのです。

また、「四丁目（被差別部落をさす）の人たちに押しかけられる心配がありますので……外部にもれないようにお願いします」などと言っています。Uさんの妻も、警察での調書で「犯人は四丁目方面の者ではないかという風評が強くなりました。……四丁目の人たちは、何かあると団結して押しかけてくることを承知しておりますので、恐ろしいと思いました」と述べています。

住民の意識のなかには、被差別部落に対する偏見が根強く、それが「犯人は被差別部落の者にまちがいない」という思い込みにつながっていったのではないでしょうか。そのような偏見にもとづく目撃証言は、とても信頼できるとはいえません。

問11

死体を埋めるために使ったとされているスコップと、証拠とされたスコップは、同じものですか

確定判決では、石川さんが脅迫状をNさんの家に届けたあと、以前仕事をしていたI養豚場に寄ってスコップを盗み、それを持って死体を隠している芋穴に戻り、死体を取り出し、そのそばの農道に穴を掘って埋めたというのです。事件から約十日後の五月十一日に発見されたスコップを、石川さんが犯行に使ったものだと認定しました。

このスコップが死体を埋めるために使われたものであることを裏づけるために、警察は県警鑑識課にスコップについている土の鑑定をさせています。五月十八日から七月二十日までかかって出た鑑定結果は、スコップについていた土と死体が埋められていた現場付近の土が類似するというものでした。

死体発見現場近くの麦畑からスコップが見つかった（×印）

しかし、この警察の土壌《どじょう》鑑定には致命的な欠陥がありました。土の構成成分は粒子の大きさによって砂・シルト（砂泥、砂と粘土の中間の大きさのもの）・粘土などにわけられ、この成分の重量の構成比が土を分類する基本的な規準なのです。ところが、警察鑑定の検査の結果を見ると、スコップについていた土と現場付近から採取された土とは、砂・粘土の重量構成比が違っており、類似性がないことが明らかなのに警察の鑑定はこの点をまったく無視しているのです。

弁護団は警察側の鑑定が科学的に誤っていることを明らかにした地質学者の鑑定を裁判所に提出しました。異質の土がついているということは、確定判決の判断とはまったく逆に、証拠とされたスコップが死体を埋めるのに使われたものでないことをはっきり示しています。

とすれば問題は、なぜ警察が捜査の非常に早い段階でにせのスコップをデッチあげる必要があったのかということになります。

スコップが発見されるまでの捜査の流れは、つぎのとおりです。被害者の家の近くのI養豚場のスコップがなくなったということを聞き込んだ警察は、五月六日、強引にIさんに被害届を提出させました。Iさんは、当時、捜査線上に浮かんだ容疑者の一人と目されていました。十一日に、死体が発見された近くの麦畑でスコップが発見されるとすぐに、それが死体を埋めるときに使われたスコップであり、Iさんの養豚場で盗まれたものであると警察は発表しました。Iさんは石川さんと同じく被差別部落の人で、I養豚場で働いている人はほとんど部落の青年でした。

スコップの発見場所は、死体発見現場からわずか百二十メートルしか離れておらず、その一帯はすでに何度も大がかりな山狩り捜索がされているところで、麦畑についている畝《うね》のあいだをくまなく調べており、見落とすということは考えられません。

このスコップが発見された翌日、警察は早ばやと「スコップについていた土は死体を埋めていた場所の土とほぼ一致する」と発表し、スコップはI養豚場のものであると断定しました。鑑定の結果を待たず、しかもIさんの確認もとらず、そう決めつけたのです。Iさん本人にそのスコップを確認させたのは、発見から十日もたった五月二十一日、石川さんを逮捕する直前でした。

犯人は「よそ者」（部落から部落外の地域に来た人間）という予断と偏見をもとに、I養豚場に対する見込み捜査は、じつは事件後の早い段階からひそかに始まっていました。五月三日の時点で、警察はもうIさんのところに来ており、そこで現在働いている人、かつて働いていた人などの名前をリスト・アップさせています。そしてIさんに紛失届を出させた五月六日には、すでに石川さんを含む部落の何人かの青年に的がしぼられていました。そして、警察はスコップの「発見」をさかいに、部落、部落民への集中的見込み捜査を公然と開始していったのでした。つまり、そのための道具としてスコップが利用されたのです。

問12 身代金の受け渡し場所にあらわれたのは、石川さんではないのですか

五月二日の夜、脅迫状で身代金の受け渡し場所に指定された佐野屋の前で、被害者の姉さんが待っていると、三日午前〇時すぎ、佐野屋わきの茶畑から犯人の声がしました。十分ほどやりとりをすると、犯人は、「警察に話したな、そこに二人いるじゃねえか」と言って、金をとらずに逃走しました。確定判決はこのときあらわれた犯人が石川さんだとしています。

その根拠として確定判決は、犯人の声と石川さんの声が一致することをあげています。当夜、犯人と十分ほど会話をかわしたという被害者の姉さんは、法廷で、犯人の声は石川さんの声と同じだったと証言しました。姉さんが聞いた声はほんとうに石川

身代金受け渡し場所に指定された佐野屋周辺の航空写真

さんの声だったのでしょうか。

警察は姉さんに、事件から一カ月以上が経過した六月十一日、石川さんの取り調べ中の声を録音して聞かせました。さらにその翌日に警察で取り調べ中の石川さんの生の声を聞かせています。そしてテープを聞いたときは犯人の声と石川さんの声が「そっくり同じだった」と言いながら、生の声を聞いたときは「ピンとくるというものがなかった」と言うのです。このような「声の一致」という証言を有罪証拠とすることなどできるのでしょうか。

姉さんは「細かい特徴というのは佐野屋さんの時、つかもうと努力していたんですけど、ピンとくるものがなかった」けれども、「声全体から受ける感じがピッタリだった」と証言しているにすぎないのです。つまり、全体から受ける感じが似ている、という程度なのです。

姉さんに同行した人も、「まあ、似ているんじゃなかろうかと、決定的なものじゃなくて、なかろうかというようなぐらいの感じでした」と証言しているにすぎません。

二人の証言はともに、観察力、記憶力の両方で不明確なものです。しかも、音声確認の方法も、多人数の声から被疑者の声に似た声を選ぶというやり方をしておらず、石川さんの声だけをいきなり聞かせています。このような単独面接方式は、目撃証言と同様、暗示の危険性があると指摘されています。

身代金を受け取りに佐野屋へ行ったという石川さんの自白にも不自然な点がありま す。

石川さんの自白では、夜九時ごろ家を出て佐野屋に行き、東側の畑のなかで三十分か一時間ぐらい待っていたら、佐野屋の前に「女の人」が立っていたので声をかけた、となっています。待っていた場所は、佐野屋前の県道から十メートルほど入ったところとなっています。そのあいだにその県道を姉さんが歩いて通っていますし、男性の通行人、自転車、オートバイ、自動車が通っています。

ところが自白では、待っているあいだに自動車が通ったか人が通ったか気がつかな

被害者の姉さん役の女性を犯人の位置からどの程度識別できるかを調べた。その結果、「自白」のように性別を識別することはできなかった

かったとなっているのです。犯人であれば、ほんとうに女の人が一人で来るか、警察が張り込んでいないか、緊張してあたりをうかがっているはずです。自白のように、車の音や人の通行に気がつかないということは考えられません。しかも県道は当時ジャリ道でした。姉さんに同行した人は当夜の状況について、八、九十メートル離れた警察官の足音まで聞きとれた、ほんとうに静かな夜だったと供述しているのです。

また、自白では、「男か女かの見分けがつく明るさで、おばさんのような人が来ていた、おばさんは白っぽいものを着ていた、その女の人は少し近づいてきた」と、佐野屋の前に立っている人物の性別までわかったことになっています。石川さんがいたという場所と姉さんとの距離は約三十メートルです。暗闇《くらやみ》のなかでほんとうにこのように性別まで識別できるのでしょうか。

弁護団が五月二日当日と同じ条件で再現実験したところ、事件当夜の照度（明るさ）

で約三十メートルの距離では、動かないかぎり、立っている人がいるかどうかもわからず、動いて人間らしいということがわかっても、性別までは識別できないことが判明しました。

石川さんの自白は、聞こえるはずの音が聞こえず、見えないはずのものが見えているのです。あきらかにウソの自白といわねばなりません。

警察は、夜十時には張り込みを完了しています。犯人はこの張り込みをかいくぐって佐野屋わきにあらわれ、逃走しました。石川さんの自白図面に示されている往復経路に従えば、途中三カ所で張り込みの刑事と出会うことになります。ジャリ道を「かけあしで一生懸命走って逃げた」と自白していますが、気づいた者は一人もいません。

また、つぎの自白も非常に不自然です。

「私は五月二日の夜、午後九時ごろ家を出ました。このとき時計を持っていないし家の時計を見たわけではないから、正しい時間はわかりませんが、だいたい九時ごろと思います」というものです。犯人は脅迫状で、「時が一分出もをくれたら」「時かんどおり」などと強調しています。犯人であれば、警察の動きとあわせて時間について細心の注意をはらうのが当然です。自白のように、自宅を出発する時刻も確認しないなどということはありえないでしょう。しかも「十二時」という時刻を指定しておきながら、自白ではまったく時間を気にせず佐野屋に向かっていることになります。「このとき時計を持っていないし」と自白ではなっていますが、犯人であれば、前日に被害者から奪った腕時計を持っているはずです。

このように、石川さんが犯人だとすれば、その自白はあまりにも矛盾に満ちています。

問13

身代金の受け渡し場所に残された足跡は、石川さんと結びつくものだったのですか

犯人を取り逃がした警察は、五月三日の朝から周辺捜索をはじめ、佐野屋近くの畑で、犯人のものと思われる足跡を発見しました。四十個以上の足跡のうち三個を石膏《せっこう》をもちいて採取したもの（以下、現場足跡という）を埼玉県警鑑識課が調べ、五月四日付で出された報告書には、現場足跡は「十文ないし十文半（二十四センチないし二十五センチ）の大きさの職人たび」とありました。

判決は、この現場足跡が石川さんの家から押収された地下たびによってできたものであるとして、有罪の証拠のひとつにあげています。ところが石川さんは職人たびを持っておらず、警察が押収したものは石川さんの兄の地下たびで、すべて「九文七分

（二十三・五センチ）」でした。押収した地下たびは、最初に報告書を出したのと同じ埼玉県警鑑識課員が鑑定したのですが、驚いたことに、現場足跡は押収地下たびでつくられた対照用の足跡（以下、対照足跡という）と同じものであるという結論でした（口絵4ページ上段写真参照）。最初に現場足跡をはかったときは、「十文ない

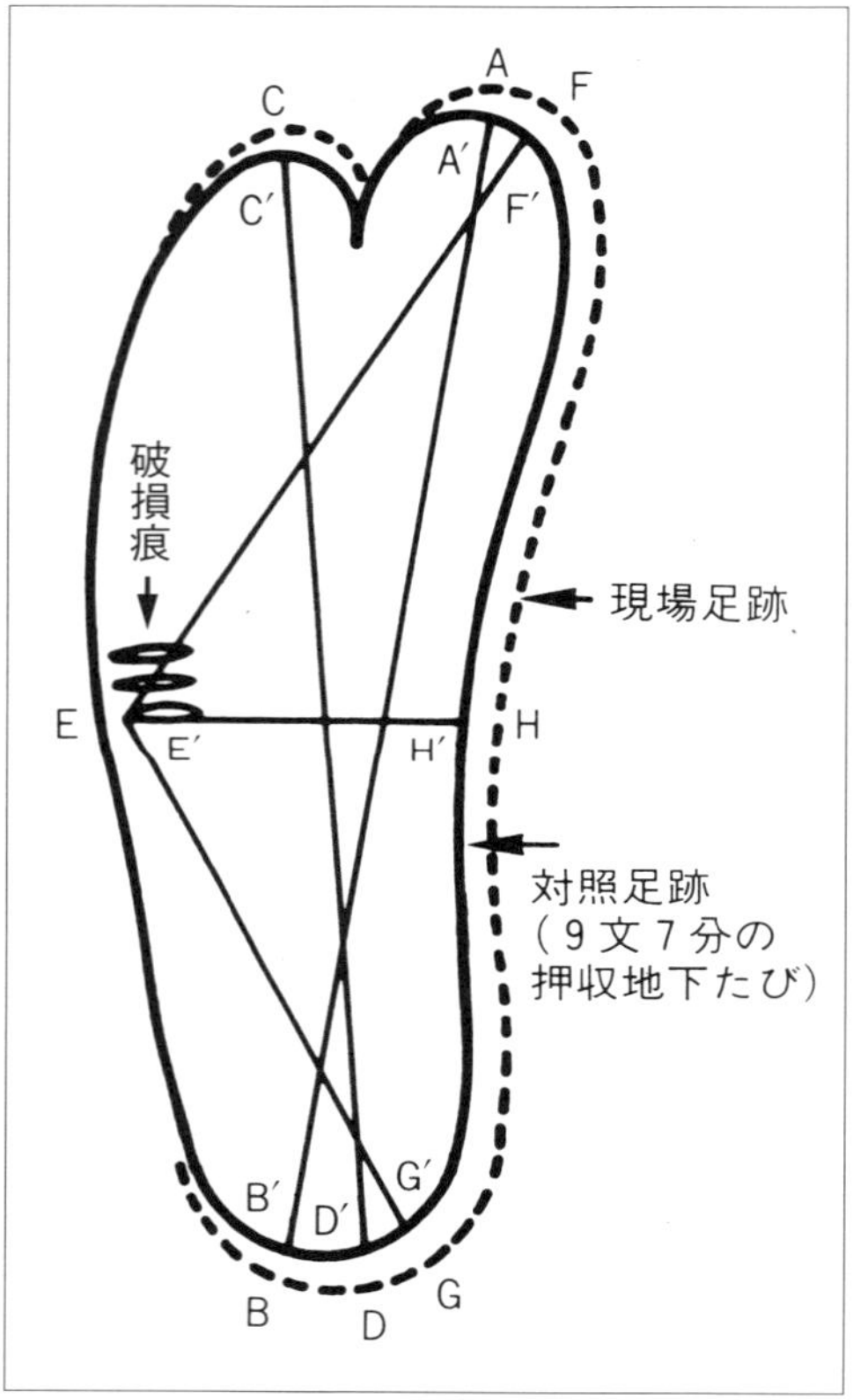

石川さん宅から押収された地下たびと現場足跡（点線部分）は明らかに大きさが違う

現場足跡と押収地下たびの大きさの差（平均値）

（単位・cm）

	A−B	A′−B′	C−D	C′−D′	E−F	E′−F′	E−G	E′−G′	E−H	E′−H′
現場足跡	25.43		24.76		15.23		13.13		7.61	
対照足跡（9文7分）		24.63		24.11		14.65		12.39		7.09
差	0.80		0.65		0.58		0.74		0.52	

注）対照足跡――石川さん宅から押収された地下たびでつくった足跡
東京大学・井野博満作成鑑定書より

し十文半」と言っておきながら、どうしてそれが「九文七分」の地下たびと同じ長さだといえるのでしょう。しかもその鑑定では、どことどこを測定したら一致したという論拠を示していません。

その後、弁護側の鑑定人は、現場と同じ条件で九文七分の地下たびを使い、実際に足跡をつくりました。そして現場足跡と九文七分でつくった足跡をくらべてみると、明らかに大きさが違うことがわかりました。

大きさが違うのですから、有罪の証拠にした「足跡の一致」はくずれているにもかかわらず、裁判所のこれまでの判断は、ずれが生じたり、地下たびの布が広がったり、あるいは泥土がついたりして大きい足跡になることもある、というごまかしをしています。弁護側は、ずれや布の広がりを考慮にいれ、さらに足幅も測定し、統計的解析の方法で鑑定したうえで、現場足跡と押収地下たびは長さも大きさも違うということを明らかにしています。

こうして、長さや大きさの違いを認めざるをえなかった裁判所は、つぎには現場足跡と押収地下たびにはゴムのはがれのあと（破損痕《こん》）があると強調しました。しかし現場足跡は印象された足跡に石膏を流して型を採ったもので、もともとたいへんあいまいなものです。

弁護団が提出した鑑定は、「破損痕」といわれるものが、足跡を石膏で採取するときの土のひび割れによってできた模様である可能性を示しています。また、押収地下たびでつくった足跡にできる痕跡と、現場足跡の「破損痕」の立体形状に大きな差があることを指摘しています。現場足跡と対照足跡を三次元スキャナを使って撮影し、コンピュータ上で重ね合わせるなどして比較しました。その結果、「破損痕」という所の高さが違うこと、現場足跡には横にひさしのように飛び出した「張り出し形状」があることがわかり、現場足跡は石川さんの家の地下たびによってできたと断定することはできないことが明らかになりました（口絵4ページ下段写真参照）。

つまり、平面上で見て「破損痕」の部分が一致するとした警察鑑定のでたらめさを明らかにしたのです。こぶのような隆起に覆われた現場足跡には、地下たびの特徴を判断できるような証拠価値がまったくないことは明らかです。

足跡を有罪証拠の一つとするのならば、まず現場足跡を近くから写した写真を証拠開示すべきです。足跡の石膏型を採る前にかならず写真を撮っているはずで、写真を撮ったという実況見分調書の記載もあります。石川さんも取り調べの過程で現場の足跡のスライド写真を見せられたと言っています。弁護団はこの足跡写真の開示を求めているのですが、検察側は写真はないとしていっこうに応じていません。

また、石川さんの足の大きさは十文半なのです。自分の足より小さな兄さんの地下たびをむりにはこうと思えばはけますが、身代金の受け渡し場所には警察が張り込んでいるかもしれず、もしもの場合は走って逃げなければなりません。しかもかなりの距離があります。そんな緊張した行動が予想されるときに、痛いとわかっている小さな地下たびをわざわざはいていくでしょうか。しかも、石川さんは当時、右足の裏に「魚の目」があり、長靴をはくときも底に新聞紙を重ねてしいて、魚の目のところをくりぬいてはいていたという状態でした。

こうした事実をつなぎあわせていくと、石川さんの「兄の地下たびをはいて佐野屋に行った」という自白じたいが、きわめて不自然だと言わざるをえません。

問 14

被害者のものとされているカバンの発見については、問題はないのですか

カバンは、石川さんが逮捕されて約一カ月後の六月二十一日に自白をし、その日の夕方、自白にもとづいて発見されたとされています。判決は、これを自白によって捜査側が知らなかった事実が判明した、つまりカバンの発見は「秘密の暴露」（真犯人しか知り得ない事実が自白によって判明したこと）だとして有罪の根拠にしました。しかし、カバンの発見にはさまざまな疑問があります。

自白では、脅迫状を届けにいく途中で、カバンとその中にあった教科書、カバンを自転車にくくりつけていたゴムひもを捨てたことになっています。教科書は五月二十五日、ゴムひもは山狩り捜索開始の五月三日にすでに発見されています。

カバンが発見された場所は、その中間にあたる場所で、すでに山狩り捜索がおこなわれた場所です。山狩り捜索は、「一列に並びますが、ヤブとか、山と畑のあいだなど、とくにここがおかしいというところは、そこにいって調べました」（捜索にたずさわった刑事の法廷での証言）というほど徹底したものでした。

実際、当時の捜索にかかわった刑事が法廷で、「教科書類が発見された地点の捜索は、その付近を徹底してやった」「本があったんだから、カバンもどこか別にあるだろうということで、K警部補の班だろうと思うが、捜索は一生懸命やったように記憶している」と証言していることからも、カバン発見場所がすでに捜索された場所であったことは想像がつきます。

警察の調書によると、教科書が発見されたところから山林にそって畑の溝づたいにゴムひも発見現場の方向に百数十メートル進むと、カバンが発見された地点に到達します。さきに発見された二地点を中心にさがせば、カバンは簡単に見つかっていたはずです。

警察の調書を見ると、カバンの発見には立会人がいます。発見した時点でわざわざ呼びにいって立ち会わせていますが、この立会人が行ったときにはカバンはすでに溝から掘り出されて、土の上に出ている状態だったと証言しています。

このように、以前に徹底して捜索ずみの場所からカバンが発見されるというおかしさからみると、カバンの発見経過に警察の作為を感じざるをえないのです。

判決は、自白にもとづいてカバンが発見されたといいますが、石川さんの自白と発

教科書、カバンの発見場所の位置関係。「自白」では、捨てた場所も変遷しており、発見場所ともずれている

大がかりな捜索は、5月3日から5月8日まで続けられた。一列に並んだ機動隊員がしらみつぶしに捜索をおこなった（共同通信社1963年5月7日配信）

見場所にはくい違いがあります。石川さんの自白では、「山と畑のあいだの低いところ」に捨てたとなっています。雑木林の木の根っこが畑のほうに入ってこないように少し溝を掘っているのですが、そこに捨てたというのです。しかし、実際に発見された場所は、畑と畑のあいだの溝です。自白の内容と発見地点がまったく違っているのです。

また、この自白では、「わたしがカバンから出した本も、そのそばへ放りだし」たとなっているのですが、実際に五月二十五日に教科書やノート類が発見された場所は、カバン発見場所から百数十メートルもはなれているのです。

しかも自白は、最後には、カバン、教科書、ゴムひもを別々に捨てたと変わります。殺人をすでに認めた犯人が、奪ったものを捨てた場所について、わざわざウソをつくとは考えられません。むしろ、警察による「秘密の暴露」をつくりあげるための自白の誘導が、このような自白の変遷につながったのだと考えるほうが自然ではないでしょうか。

問15

石川さんの自宅から発見された万年筆は、被害者のものだったのですか

確定判決では、万年筆が石川さんが自白した場所から出てきたのだから、自白は信用できるといい、被害者の持ちものが自宅から出たのだから犯人に違いないとして決め手の証拠にしています。いわゆる「秘密の暴露」です。

しかし、有罪の証拠として用いるためには、自白どおりに見つかったということが真実でなければならないし、警察による自白の誘導がないということや、発見された万年筆が被害者のものであるということが、客観的に厳密に証明されなければなりません。

自白では、被害者のカバンを捨てるときに筆箱に万年筆が入っていることに気づき、

筆箱ごと自宅に持ち帰り、万年筆はお勝手入り口のかもいの上に置いた、ということになっています。しかし、当時、石川さんは字を書くこととは無縁の暮らしをしていました。万年筆を持っていてもなんの役にも立ちません。しかもピンク色ですから、女性用であることはすぐにわかります。被害者の筆箱は風呂の焚《た》き口で燃やした、とされているのにもかかわらず、そんな「危ない」ものを、わざわざ持ち帰ってお勝手の入り口の上に置いたままにしているというのは非常に不自然です。

発見された万年筆が被害者のものであるかどうかについても、大きな疑問があります。発見された万年筆のインクの色はブルーブラックでした。ところが被害者が書いたもの、たとえば事件当日の朝に書かれた日記、その日の一時間目の授業で書いたペン習字の清書などをみるとライトブルーなのです。その矛盾を埋めるために裁判所は、被害者が下校後立ち寄った狭山郵便局の備えつけのインク壺《つぼ》からブルーブラックのインクを自分の万年筆につめかえた可能性もあるといっています。たしかに被害者は、五月一日の朝、担任の先生に頼まれて東京オリンピックの記念切手を予約しに行き、下校後その領収書をもらいに狭山郵便局に行ったようです。

そのとき被害者は、万年筆を筆箱のなかに入れ、筆箱はカバンのなかに入れ、そのカバンは自転車の荷台にくくりつけ、郵便局の外にとめていました。そのような状況で、万年筆をわざわざカバンから出してきてインクをつめかえたりするでしょうか。家に帰れば自分のインクがあるのですから、そのような必要はまったくありません。当時、狭山郵便局に勤めていた人の証言でも、被害者は用事をすませてすぐ帰った、インクをつめている人を見たことがないと明言しています。

さらに、発見の経過も不自然です。万年筆が発見される前に、警察は家宅捜索を二回おこなっています。一回目が五月二十三日、十二人の刑事が二時間十七分、二回目の捜索は六月十八日、十四人刑事が来て二時間八分調べています。これは記録上も明らかです。一回目の捜索は最初の逮捕の日、二回目は再逮捕の翌日で、どちらにしても、マスコミが注目しているなかでの家宅捜索ですから、必死になって調べているはずです。とくに東京で「吉展《よしのぶ》ちゃん事件」が起きて、犯人を取り逃がし、つづいて埼玉県警も同様の失態を演じたわけですから、警察に対する非難は大きいものがありました。

当時、家宅捜索にあたった刑事は県内の各署から集められたベテランばかりでした。徹底した家宅捜索であったことは、いろいろな角度から明らかです。

6月18日、第2回家宅捜査では、井戸の底まで徹底しておこなわれた（共同通信社1963年6月18日配信）

差し押さえ調書のなかの二回目の家宅捜索の「捜索の目的」という項目には、被害者の所持品である万年筆とカバンと時計を捜すためと書いてあります。石川さんの家の間取り図を見ると、四畳半くらいの部屋が五つあり、それを十二人の刑事のうち、責任者一人、カメラマン一人を除いた十人を二人ずつ割りふって調べています。その態勢で二時間調べたということ、そのときの差し押さえ調書に、かもいの前に置かれた脚立《きゃたつ》の写真があることを考えても、万年筆を見落とすということは考えられません。

ところが、これまで裁判所は、かもいの上に万年筆はあったが、二回の家宅捜索にもかかわらず見落とされたというのです。しかも、その見落とした理由はころころ変わっています。

捜索のベテランだった元警察官は、捜索実務の観点から狭山事件での捜索差し押さえを分析して、見落とすべきではない重要な捜索対象個所に、かもいをあげています。また、捜索状況を撮影した写真に脚立が写っていることから、高所はかもいも含めてこのような踏み台を使って捜索されたことを指摘しています。捜査の常道から約百七十六センチの高さのかもいに向かって右端から約十五センチのところにあった万年筆を捜索せず、万年筆を見逃す可能性は限りなくゼロに近い、と指摘しています。

現場検証をした第一審の内田裁判長は、かもいが人目につきやすいところであることを認めています。ところが、「そのためにかえって捜査の盲点となり見過ごされた」というめちゃくちゃな論理で死刑判決を出しているのです。

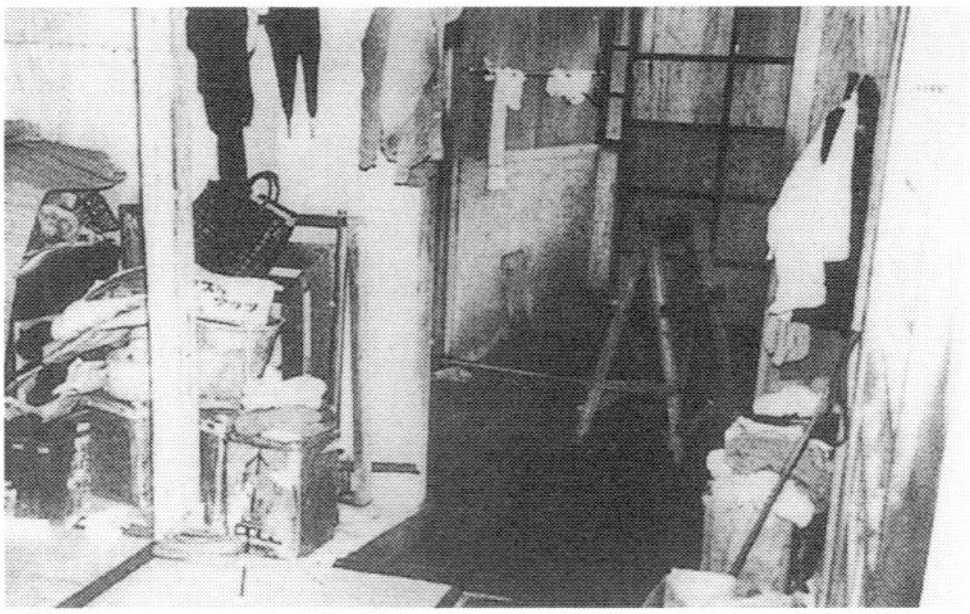

第１回家宅捜索の写真には、かもいのすぐ前に脚立が置かれているのが写っている。脚立に上がって上の方も調べたことは間違いない

家宅捜索の際に撮影された写真。この写真に写っている人のちょうど頭の上が、のちに万年筆が発見されたかもいである。もし、このとき万年筆があったのなら、この写真を写した刑事には見えていたはずだ

２回目の家宅捜索の写真。脚立などの台を使って、神棚を調べている

二審では、弁護団が再三にわたって寺尾裁判長に現場検証を要求したのですが、見なくてもわかるとそれをしりぞけ、判決のなかでは「背の低い人には見えにくく、人目につきやすいところであるとは認められない」と、一審とは見方を百八十度変えました。しかし、かもいの高さは百七十五・九センチ、奥行きは八・五センチしかありません。捜査官のなかには百七十三センチの人もいたことが弁護団の調べでわかっています。現場検証もせず、人目につきにくいなどと決めつけるのは納得がいきません。

弁護団は第二次再審請求で、当時、実際に捜索にあたった刑事を調査しました。そのなかで出てきたのが勝手場の捜索をした刑事たちの証言でした。「徹底して調べた」「かもいの右端にあった穴を調べた」という証言がつぎつぎに得られました。とくに一回目の家宅捜索に加わった刑事の一人は、かもいの写真に自分でマルをつけて、「まちがいなくこのかもいを調べた」ということを供述調書として弁護団に提出しています。この決定的な証言をした元刑事は、あとから万年筆がかもいから出てきたことを聞いて、「ふしぎに思った」と述べています。

問 16

発見された腕時計は、被害者のものですか

自白では、持ち帰ったとされる被害者の持ちもののうち、万年筆はかもいの上に置き、一方で、腕時計は路上に捨てたということになっています。どちらも女性用で持っていれば目立つものなのに、片方は置いたまま、片方は捨てに行くという行為には、一貫性がありません。

腕時計を捨てたという最初の自白は六月二十四日ですが、警察が捜索を開始するのは、二十九、三十日です。なぜ五日もたってから捜索をするのでしょうか。また自白では、捨てたのは五月十一日ごろとなっています。発見されたのは七月二日ですから、五十数日間、梅雨の雨にさらされていたことになるのですが、発見されたときはバン

ドもいたんでおらず、ネジを巻くと動いたそうです。

腕時計を発見したのは七十八歳の男性です。この人が散歩中に、茶畑の茶株の根元をなにげなくちらっと見たところ、金色に光るものを見つけたというのです。しかし、自白図面を持って七、八人の捜査官が二日がかりで捜索しているのに、そのときは見つからず、二日後に散歩中の男性が見つけたというのはいかにも不自然です。自白で捨てたという道のまん中と発見場所は七・五メートルしか離れていません。

確定判決は、茶株の周辺には茶の枯葉などがたくさんあり注意深く捜さないと見落としてしまうような場所であるとして、捜査官の見落としなのだとしています。しかし七十八歳の男性がちらっと見ただけで見つけたことから考えれば、捜査官なら簡単に発見できる状況だったと考えるのが妥当です。発見された場所にほんとうに時計があったなら、捜索の時点で捜査官たちが見落としてしまうなどということは考えられません。捜査官自身も、捜索した範囲はのちに時計が発見された地点を含めて、茶株の下あたりも棒で捜したと証言しているのです。

また石川さんの自白では道路の真ん中に捨てたことになっているのですが、実際に発見されたのは道路のはしでした。しかも、この自白には、なぜその日のその時間に捨てる気になったのか、なぜその場所を選んだのか、捨てるときの具体的状況はどうだったかなど、ほんとうの犯人であれば語ることができるはずの詳細なことはいっさい表現されていません。

石川さんの自白には、身代金を取りに佐野屋に向かって家を出るときのことが述べられていますが、「このとき時計を持っていないし……正しい時間はわかりませんが、だいたい九時ごろと思います」となっています。脅迫状では「十二時」と時間を指定しているのに、勘《かん》で行こうとしていることも不自然ですし、奪った時計のことが出てこないのも疑問です。

万年筆と同じように、発見された腕時計がほんとうに被害者のものなのかという疑問もあります。警察は捜査段階で品ぶれ捜査、つまり「こういう時計を見つけたら届けてください」という発表をしています。品ぶれの時計はシチズン・コニーで、実際に発見されたのはシチズン・ペットでした。写真でわかるように、発見された時計は胴の部分に三角形の耳がついていますが、品ぶれのほうは胴体部分がなだらかなカーブになっていて、両者の違いは一目瞭然です。被害者の家族も含めて品ぶれを作成したにもかかわらず、それとは違う時計が発見されると、家族も発見されたほうの時計を被害者のものと認めたというのもおかしな話です。

また、発見された時計は被害者の腕の太さよりもひと穴ぶん小さいほうのバンドの穴が使われています。判決では、被害者の姉さんと共同で使っていたからだというのですが、姉さんは自分の時計を持っていました。

判決のなかでは、万年筆やカバンと同じように、腕時計の発見を自白が信用できる根拠のひとつにあげていますが、発見のされ方といい、品ぶれと発見された時計の明らかな相違といい、疑問だらけです。

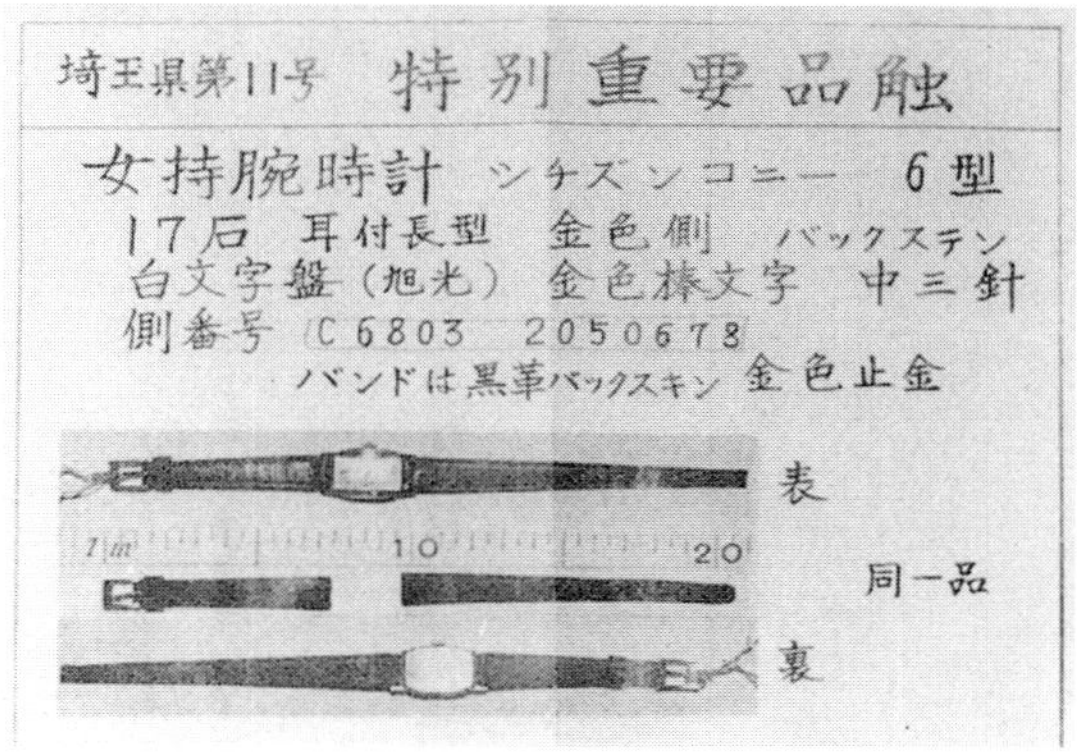
埼玉県第11号　特別重要品触

女持腕時計　シチズンコニー　6型
17石　耳付長型　金色側　バックステン
白文字盤（旭光）　金色棒文字　中三針
側番号　C6803　2050678
バンドは黒革バックスキン　金色止金

表
1cm　10　20
同一品
裏

5月8日に発表された品ぶれ（被害者の所持品）

警察品ぶれで発表していた腕時計（左側）と、発見された腕時計（右側）とは型があきらかに違っている

問17

物証といわれるものに、石川さんの指紋はあるのですか

狭山事件の場合、警察が犯人の残した証拠物としてあげているものはたくさんあります。

順番に見ていきますと、まず事件の発端になった脅迫状があります。脅迫状は大学ノート一枚ですが、封筒に入っており、封筒のなかには被害者の「身分証明書」も入っていました。

納屋に返されていた被害者の自転車も犯人が残したものです。そのあと五月三日に自転車の荷台のゴムひもが見つかり、四日に被害者の遺体が見つかっています。遺体には着衣、目隠ししていたタオル、後ろ手にしばった手ぬぐい、足首についていた木

綿ロープ、そのさきには荒縄もついていました。芋穴からビニールのふろしきが見つかりました。これは被害者が自転車の荷かごにつけていたものだとされています。

さらに、死体を埋めるときに使ったとされているスコップがあります。被害者の教科書、ノートがあります。それから三物証といわれているカバン、万年筆、腕時計があります。

これだけたくさんのものがあるのに、石川さんの指紋は、どこからもひとつも検出されていません。自白のストーリーでは石川さんはそれらをすべて素手で持ったことになっているのですから、ほんとうに犯人であれば指紋が出てくるはずです。

確定判決は、「科学的捜査の現段階においては、一般的にいって犯人と犯行を結びつける最も有力な証拠の第一は、何といっても指紋であり、指紋以外は未だ決定打とはいえない」と言いながら、石川さんの指紋がなかったことについて、「捜査官は指紋の検出に努めたのであるが、ついに成功するに至らなかったことが認められる。しかし、指紋は常に検出が可能であるとはいえないから、指紋が検出されないからといって、被告人は犯人でないと一概にはいえない」としています。そんな言い方で簡単にすまされる問題ではありません。指紋がないからといって犯人でないとはいえないいな

実験用脅迫状

○…鑑定可能な個所
レ…手で触れた痕跡

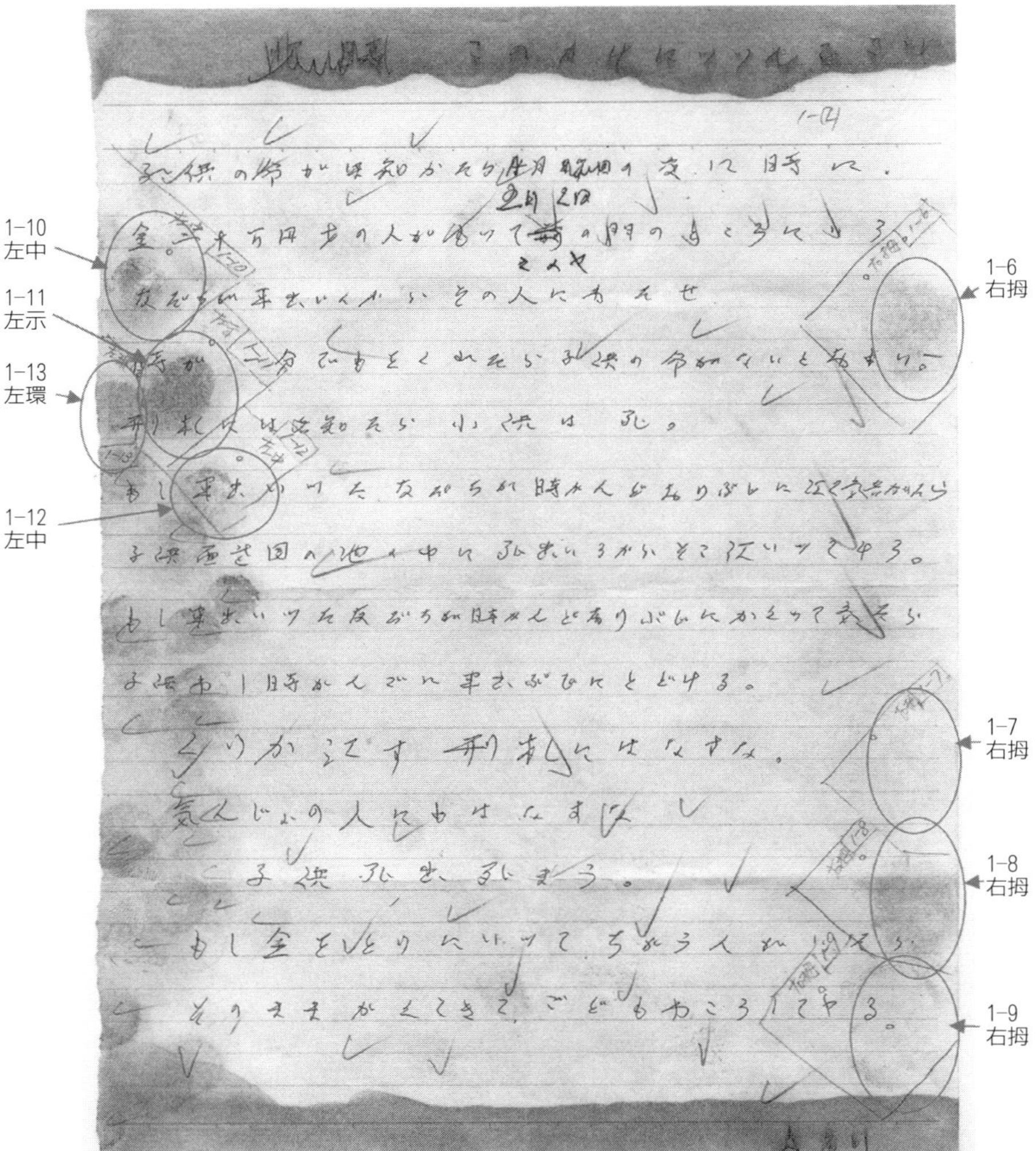

（ヨードガス法で検出）

実験用封筒表側　　　　実験用封筒裏側

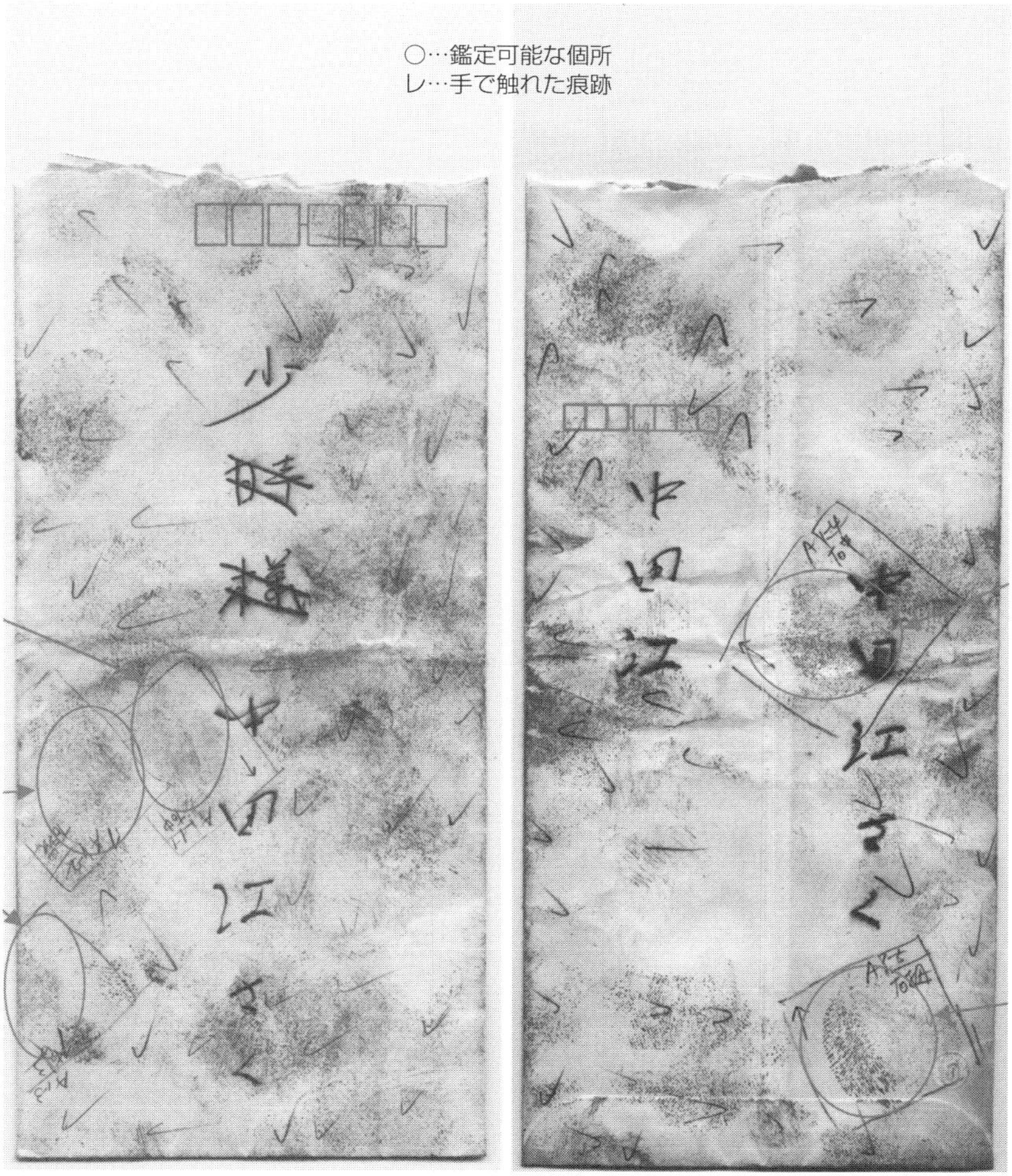

（ニンヒドリン・アセトン法で検出）

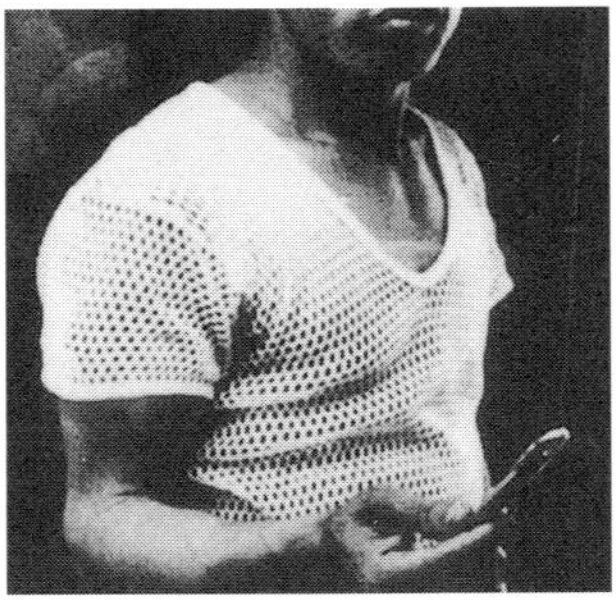

警察は、３回目の家宅捜索のときに、被害者のものとされる万年筆を石川さんの兄の六造さんに素手でとらせている

どという言い方は、石川さんが犯人であるという予断や結論がさきにあって、説明がつかないことや不合理なことがあるとそれには目をそらし、ごまかしていると言わざるをえません。

指紋がないことの不自然さを示す典型は、脅迫状です。脅迫状から検出された指紋は、第一発見者である被害者のお兄さんのものと、最初に脅迫状を手にした警察官のものだけでした。二人の指紋があるのに、直前まで持っていたとされる石川さんの指紋が出てこないのです。脅迫状をガラス戸に差し込む前に封を切ってなかをあらためたと自白ではなっています。しかし、封筒からも「身分証明書」からも指紋は検出されていません。

弁護団は、石川さんも立ち会って、自白どおりのやり方で脅迫状・封筒を作成する実験をおこないました。すると、写真（92〜93ページ写真）のように多数の指紋が検出されました。しかも、石川さんの指紋も多数検出されているのです。ここから導き出される結論はただ一つ。石川さんは脅迫状に触れていない、ということです。

万年筆についてもそうです。石川さんの自白では、素手で持ったことになっており、その後だれもさわってないはずです。ところがここからも石川さんの指紋は検出されていません。万年筆は、三回目の家宅捜索のさいに、警察は石川さんのお兄さんに直接かもいいから取らせています。大事な証拠物を素手で取らせるというのは、指紋検出をすることなどを考えるとまったく捜索の常道を無視したもので不自然です。インクの違い、発見のされ方のおかしさ、自白の不自然さに、指紋がないという不可解さを含めて総合的に見れば、万年筆は疑問だらけです。

インクの色の違いについて、さきに述べたように、裁判所は被害者がインクを詰めかえた可能性があると言っていますが、被害者がインクの詰めかえをしたとすれば、被害者の指紋も当然残っていなければなりません。とくに石川さんの家から見つかった万年筆はスポイト式ですから、インクを入れようと思えば、本体をはずしてスポイト部分を手で持って注入しなければなりません。そうなると被害者の指紋が残るはずなのですが、万年筆からは被害者の指紋も発見されていません。納得のいかないことばかりです。

問18

石川さんのアリバイはあるのですか

Q

アリバイ（不在証明）がはっきりしないからといって疑わしいということにはなりません。何月何日何時に何をしていたかといわれても、それを証明するのはたいへんむずかしいことです。アリバイが証明されないばかりに犯人に仕立てあげられた人はたくさんいます。

さらに狭山事件では、石川さんの生活実態がアリバイの証明をいっそう困難にしたといえます。五月一日はメーデーで、労働組合のあるような職場の労働者ならメーデーに参加して、同僚が石川さんのアリバイを証言をしてくれていたかもしれません。しかし、当時石川さんは定職についていませんでした。家計を助けるために十代の後半から仕事を転々としていて、比較的長い定職といえるのが東鳩製菓の工場でした。狭山事件が起きたころは、兄さんから「あしたから○○の現場に行ってこい」と鳶《とび》の仕事をもらうという生活でした。十分な教育を受けられず、読み書きができなかったために、仕事につくことにも苦労していました。こうした生活実態を生んだ根底には部落差別がありました。

一方、警察は石川さんがアリバイが証明できないことを利用して自白をせまっていきます。犯人にデッチあげられた石川さんは二重の意味で部落差別の犠牲者です。

無実を主張してから、石川さんは五月一日の行動をこう説明しています。

〈朝、弁当を持って家を出たが、兄から現場の仕事に行くようにいわれていたのにそれをサボッて、所沢市でパチンコをしたりして時間をつぶした。二時ごろ入間川駅に戻ってきて、サボッたことが父親にバレてはまずいので夕方まで時間をつぶすことを考えた。駅から家とは反対の方向へ行き、途中、知り合いとあいさつを交わし、タバコ屋でタバコとマッチを買って、入間川小学校に行った。そこで少し休んでいたら雨が降ってきたので駅前へ急いで戻った。駅前には荷小屋という屋根だ

けの倉庫があり、そこで雨やどりをした〉

航空自衛隊入間基地の気象記録では、五月一日は午後二時すぎから小雨が二度降ったりやんだりしています。そして四時半から本降りになっています。石川さんのことばは気象記録に照らしても正しいといえます。

荷小屋で雨やどりをしていたという時間が、判決が認定した殺害時刻の時間と重なっています。荷小屋にいたことが証明されればアリバイがあるということになるのですが、石川さんにしてみれば荷小屋の雨やどりはあまり人に見られたくないものでした。顔見知りに会えば「仕事をサボッたのか」と言われかねないからです。

石川さんは荷小屋で前を通る中学生の一団を見たと言っています。その証言を調べていくと、たしかにその日、東中学校で野球大会があり、それが終わったあと、中学生たちが駅前を歩いていったという状況と一致します。しかし、裁判所はそれを「本人の言っていることにすぎない」と、認めません。

荷小屋で雨やどりをしていたが、本降りになってやみそうにないので、石川さんは七時ごろ家に帰りました。判決の認定では、脅迫状を届けに行って、帰ってきたのは九時すぎということになっていますから、石川さんが犯人ならその間家にいるということはありえません。しかし家族は石川さんは家にいてテレビを見ていたと証言しています。妹さんは「五時半ごろ家に帰りました。そのあと一時間か一時間半ぐらい遅れて兄さんが帰ってきました。夜、兄さんといっしょにテレビを見て十時ごろ寝ました」と言い、石川さんの兄さんも自分が帰ったときには弟は寝ていたと言っています。

五月二日の犯行のストーリーは、自白では脅迫状で要求した身代金を取りに行くために、九時ごろ家を出たとなっています。石川さんの家の出入り口は引き戸で、戸をあければガラガラと音がします。しかし家族は戸をあける音を聞いていません。また父親が厳格な人だったので、夜おそく出入りすることはありえません。

石川さんの自白では、被害者を雑木林へ連行し、殺害後、死体を埋めて家に帰る、こうした一連の犯行は午後四時から午後九時までとなっています。当初、石川さんは上申書でも午後四時までのアリバイを主張しています。もし石川さんが犯人なら、最初から、午後四時前から九時すぎまでのアリバイが気になるはずです。こんなにも緊迫感に欠けたアリバイ工作はしないはずです。

問 19

捜査に被差別部落に対する予断や偏見はなかったのですか

確定判決は、「本事件の捜査は極めて拙劣なものではあるが、その間試行錯誤を重ねつつも、客観的証拠が指向するところに従って捜査を進めていったところ、被告人に到達したとみることができるのであり、捜査官が始めから不当な予断偏見をもって被告人をねらい撃ちしたとする所論（弁護側の主張）を裏付けるような証拠は、ついにこれを発見することができない」と述べています。

しかし、ほんとうに捜査にたずさわる警察官や検察官に予断や偏見はなかったといえるのでしょうか。

捜査の過程ででてきたのは、犯人は「よそもの」とする住民の話でした。被害者宅のあるH地区で「よそもの」とは、被差別部落からこの地区に移転してきた養豚業者のIさんとI養豚場で働く青年たちでした。捜査本部は、住民の差別意識を利用して、あるいは後押しを得るかたちで、I養豚場関係者に捜査を集中してきたのです。

五月四日の時点で、すでに国家公安委員長は「犯人は土地勘のある者で二十万円を大金と考える程度の生活で教育程度の低い者」と決めつけています。教育、職業を奪われてきた部落民を暗示させるこの発言は、予断と偏見をいっそう強めたのです。

すでにスコップについて見たように、警察は、死体発見現場の近くで、五月十一日にスコップが発見されると、持ち主のIさんから確認もとらずに、すぐに、これをI養豚場のものと決めつけて発表し、このI養豚場関係の青年に公然と捜査を集中しています。Iさん本人にスコップの確認をとるのは、石川さんの逮捕直前の五月二十一日でした。しかも、このスコップが死体を埋めるために使われたものと何の関係もないことは、すでに見たとおりです。

この養豚場を営むIさんは、石川さんと同じく被差別部落の出身で、ここで働く青年のほとんどが、被差別部落の青年たちでした。石川さん自身も、ここで事件の前年の一九六二年十月から翌六三年の二月末まで働いていました。

事件の直後から、警察は、このＩ養豚場に出入りしている部落の青年に目をつけ、彼らの名前や住所をＩさんから聞きだしたうえ、筆跡やアリバイを調べています。筆跡やふだんの素行の捜査は、狭山市内にあるふたつの被差別部落に集中しておこなわれているのです。

当時、石川さんの住む被差別部落で区長をしていた石川一郎さんは、石川一雄さんの家の周辺は刑事がはちあわせになるような状態で、見込み捜査がおこなわれたことを訴え、石川さんが逮捕された翌日には、部落解放同盟埼玉県連委員長だった野本武一さんたちが、捜査本部に抗議に行っています。

取材にあたっていた新聞記者も、すでに五月六日には、石川一雄さんをはじめＩ養豚場に出入りする数人の部落の青年に的がしぼられ、特別に身辺捜査をする刑事が割り当てられたことを書いています。

このような流れから考えると、スコップの発見は、じつは被差別部落、とくにＩ養豚場出入りの部落青年に対する捜査を公然とおこなうための口実であったことがわかります。

警察がこのように、被差別部落に集中して見込み捜査をおこなった背景に、地元住

石川を否認のまま送検

犯人に間違いなし"

自信満々の特捜本部 傍証固めに全力

環境のゆがみが生んだ犯罪

いまだに残る"夜ばい"

用意された悪の温床

犯罪の温床 農村スラム街

周囲の好景気に反発

社会のゆがみにも責任が

外の社会との落差

常識外の異常性格

なまけ者でギャンブル狂

何となく、そんな予感

狭山の女高生殺し

有力容疑者捕わる

アリバイもない 本人否

乱暴者の土工石川

筆跡 血液型がピッタリ

石川の取調べすすむ

善枝さん事件容疑者

「アリバイ」も成立たず

うそ発見器に強い反応

元村長・課長ら逮捕

買収グループ追及

ぞくぞくあかる

自供は時間の問題

足跡とほぼ一致

押収した地下タビ

筆跡鑑定はクロ

かたくなで陰険

全く責任感欠く

プロパン車また爆発

石川さんの逮捕を報じる新聞。根拠もなく石川さんを犯人と決めつけ、部落に対する差別意識をあおるものも多かった民の部落に対する差別意識が色濃く存在していたことも見逃せません。「重い市民の口から集まった情報は、なぜか〝よそ者〟とよばれるある特定の地区をさすものが多かった」（『週刊朝日』）、「『あんな悪いことをするのは〝よそ者〟しかない』、事件後、H地区の人たちはまっさきにこう考えた」（六月八日付『観光新聞』）と当時報道されているように、犯人は被差別部落民に違いないという予断と偏見は住民のなかに根強くあったのです。

住民の差別意識を示すものはほかにもあります。たとえば、被害者宅近くの住民の一人のUさんは、事件から一カ月以上たって石川さんが逮捕されたあとで、「事件当夜、被害者の家の所在をたずねてきた者がおり、それが石川さんだ」と証言しています。この証言が信用できないものであることはすでに見たとおりですが、このUさんは、「四丁目（被差別部落）の人たちがおしかけてくる」「恐ろしい」から、証言したことが知られないようにしてもらいたいと供述調書のなかで述べています。このような偏見にみちた証言が有罪証拠のひとつにされているのです。

また、当初、石川さんともう一人の男を、被害者との出会い地点とされる十字路で見かけた、と証言をしている人物も、あとになってから石川さんだと断定したことを正当化するために、「最初からそのことはわかっておりましたが、警察にこのことを云えば、四丁目の人達が集団で押しかけてくるかも知れないと思い隠すようにしていました」と、露骨に部落への差別意識が利用されているのです。

事件直後から、被差別部落に対する住民の差別意識が顕在化し、それを背景にして、警察が見込み捜査をおこなったことが、えん罪を生み出す出発点にあったのです。

そもそも脅迫状の発見、犯人取り逃がし、死体発見までの客観的事実からすれば、捜査が石川さんにいきつくとはとうてい考えられません。たとえば、被害者の自転車が被害者宅の納屋のいつもしまっておく場所にかえされていたことや、同じような家がならぶ周辺のなかから、まちがいなく被害者の家に脅迫状を届けていることや、被害者の自転車で被害者宅の敷地に入り、家族が食事をしているときに、玄関のガラス戸に脅迫状を差し込むといった大胆な行動をとっていることなど、犯人が被害者宅の事情にくわしいことを示しています。

しかも、被害者は十六歳にもなる高校一年生で、中学生のときもスポーツや生徒会で活発に活動する性格だったのです。被害者の父親も、犯人は「よく知っている人に違いないだろう」と述べていた（五月五日付『埼玉新聞』）ぐらいなのです。

「十六歳にもなっているので、力づくで誘拐されたというよりは、知り合いに気軽に話し掛けられ安心してついていったと考えるのが当たっているかもしれない」（五月五日付『埼玉新聞』）と推理小説作家の仁木悦子さんが述べているように、「犯人は顔見知り」という見方はかなりあったのです。

捜査本部は、「警察のミス」を国会でも取り上げられ、警察庁長官が辞任するなどして捜査をあせっていました。そのようななかで、捜査本部を被差別部落への見込み捜査に向かわせたのは、予断と偏見、被差別部落への差別意識だったのです。そして、その誤った捜査方針をかえることをせず、I養豚場の関係者から犯人をつくり出すことをすすめ、石川一雄さんを強引に別件で逮捕したのです。

問20

石川さんの逮捕には、問題はなかったのですか

石川一雄さんは、五月二十三日午前五時前に、自宅のお勝手よこにある四畳半の部屋で寝ているところを逮捕され、狭山警察署に連行されました。このときの逮捕容疑は、「窃盗、暴行、恐喝未遂事件」の三つが「被疑事実」としてあげられています。

第一の「窃盗」とは、石川さんが友人Tさんの作業衣を盗んだというものです。たしかに、石川さんがTさんの作業衣をだまって着たまま帰ったという事実はあります。これは、この年の三月に、石川さんがI養豚場をやめて家に帰っていなかったときに、Tさんのダンプのなかで夜を明かし、寒かったので、運転台にあった作業衣を着て帰り、そのままになっていたというものです。Tさんは、そのことを知っていて、四月

に会ったときにも、「(石川さんが)私を見て、バツ悪そうにし、これ借りてる、というので、私は、うん、と返事しただけで別れました」というのです。被害届を出さなかったのも「被害がわずかであった」からだと上申書で述べています。

ところが、捜査本部は、Tさんからその上申書と被害届を五月十九日に提出させています。しかも、この被害届は捜査本部の警察官が代筆したものなのです。本人がすすんで出したものでなく、警察官に提出させられたものであることは明らかです。

第二の「暴行」容疑も同じでした。この「暴行事件」となっているのは、二月に養豚場のトラックとバイクとの接触事故でトラックに乗っていた青年二人がバイクの運転手を殴った、その二人のうち助手席に乗っていたのが石川さんだったというものです。しかし、このとき警察官が来て事故を調べたところ、このバイクの運転手の青年自身が自分のほうの不注意を認め、トラックの破損については、バイクの運転手が金を支払って示談になっていたものでした。そのときには「暴行事件」などまったく問題にされていないのです。しかも、この青年は親戚をつうじて、そのあと、養豚場に酒をもってあやまりにいき、話はついていました。

この被害上申書は五月二十一日付で、これも、捜査本部の警察官の代筆によるもので、この青年がすすんで出したものといえないことは明らかです。

結局、このふたつの「被疑事実」は、警察にとって逮捕、取り調べの真の目的ではなかったのです。実際、石川さんは、五月二十三日に逮捕されたあと、すぐに本件のNさん殺害について取り調べられています。逮捕された日の五月二十三日にポリグラフ（うそ発見器）にかけられていますが、その承諾書には、「私はただいま言われましたような女の人を殺したことなどは知りませんから、本日ポリグラフ検査をすることを承諾致します」と書かれており、石川さんがすぐに「Nさんを殺したろう」とくりかえし責められていることがわかります。

ふたつの事件とも被害届を逮捕直前に強引に提出させていることからも、石川さんの身柄を拘束し、Nさん殺害の本件の取り調べをおこなうために逮捕の理由をデッチあげた違法な別件逮捕なのです。

最後の「恐喝未遂」容疑は、「Nさん宅に脅迫状を届け、身代金を奪おうとした」というものですが、問題は、この「被疑事実」である「脅迫状を届け、身代金を奪おうとした」と「疑うに足る根拠」があったのかということです。

確定判決は、この「恐喝未遂」容疑を証明する根拠（疎明資料）として、脅迫状と石川さんの書いた上申書をもとにした筆跡鑑定書（当然、両者が同一筆跡だという鑑定書ということになります）があり、「これらによると被告人が罪を犯したことを疑うに足りる相当な理由があり」、それを裁判所が検討したうえで逮捕を許可したのだから、「逮捕は適法だった」というのです。

確定判決は、「恐喝未遂」容疑を証明する「筆跡鑑定書」があったといいますが、これには大きな問題があります。なぜなら、石川さんが自宅で上申書を書かされたのが五月二十一日。これと脅迫状とを資料として埼玉県警鑑識課に筆跡鑑定が依頼されたのが五月二十一日。県警鑑識課員の鑑定書には、五月二十二日に鑑定に着手したとなっています。同じく警察庁の科学警察研究所に鑑定が依頼され、警察技師が鑑定に着手したのも五月二十二日となっているのです。

捜査本部が、石川さんに対する逮捕状の請求を小川簡易裁判所にするのが五月二十二日ですから、確定判決のいうとおり、その逮捕状請求の根拠に「筆跡鑑定書」があったのなら、鑑定にとりかかった同じ日に「筆跡鑑定書」があったことになってしまいます。こんなことはありえません。実際、県警鑑識課の「筆跡鑑定書」ができるのは六月一日、科学警察研究所の鑑定が終了するのは六月十日なのです。

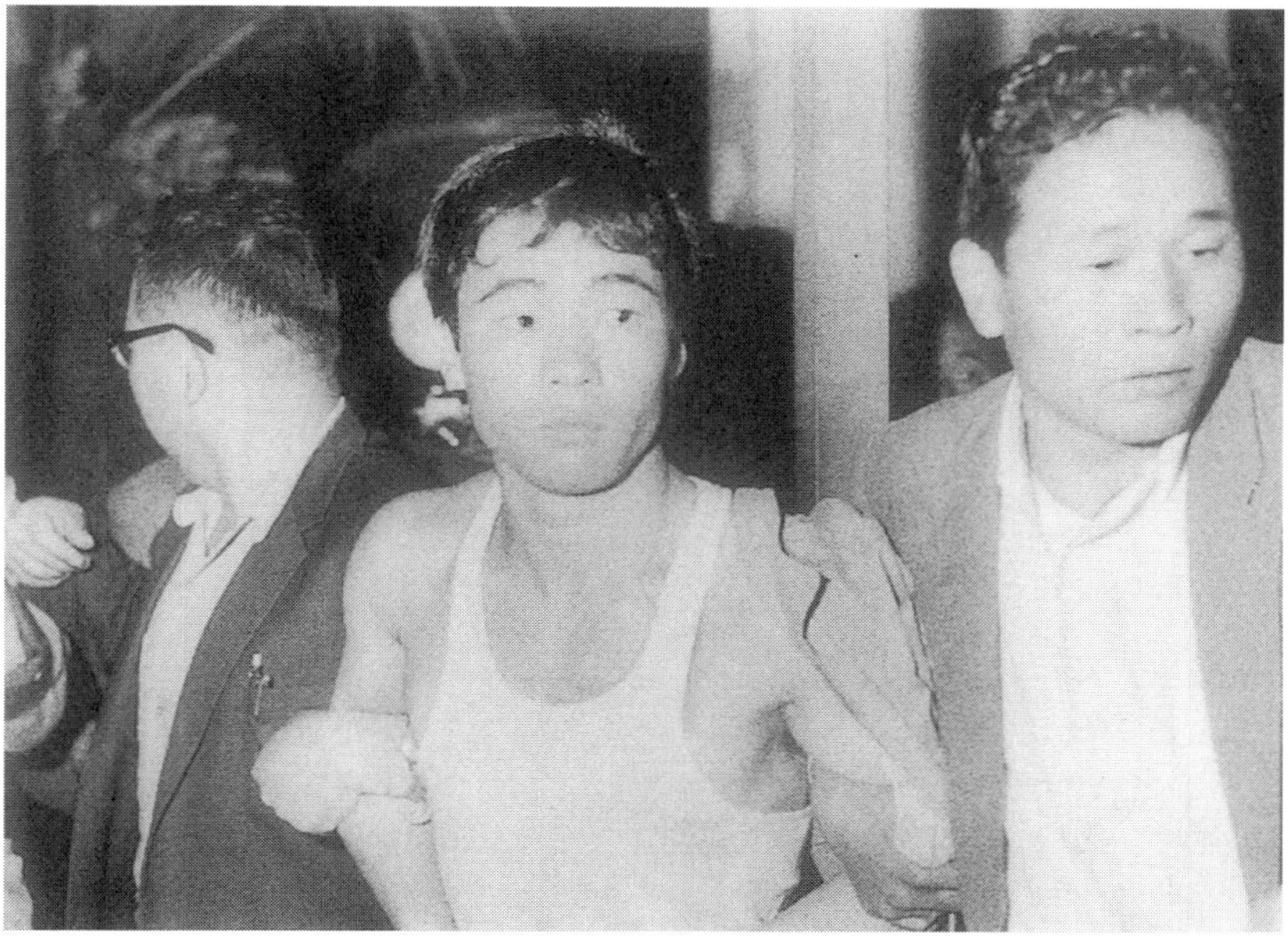

別件逮捕される石川さん（『朝日新聞』1963年 5 月23日夕刊より）

捜査本部長は、法廷では、「（筆跡鑑定の）中間報告があった」「（科学警察研究所からは）電話で（中間報告を）受けた」と述べています。鑑定に着手した同じ日に、「筆跡が同じだ」と判断を出せるほど筆跡鑑定は簡単にできるものなのでしょうか。

このように、警察はなんの証拠もない「恐喝未遂」容疑に、軽微な別件をむりやりくっつけて、石川さんを逮捕したのです。石川さんの逮捕、本件についての取り調べは、なんら証拠のない、捜査官の予断にもとづく違法なものといわねばなりません。このような逮捕を安易に許可した裁判官にも問題があるといえます。逮捕状請求の許可があまりに安易になされていることが、えん罪を生む原因のひとつともいえるでしょう。

問21

取り調べや自白にいたる経過には、問題はなかったのですか

これまで石川さんの自白の内容を検討してきました。そして、石川さんの自白には客観的事実と一致しない点、不自然な点があまりに多く、自白に信用性がないことがわかってもらえたと思います。

さらに石川さんの場合、取り調べ方法や、自白をする経過にも問題が多く、この点からも自白が信用できないといわねばなりません。

まず第一の問題点は、取り調べ方法です。日本の警察での取り調べは密室でおこなわれ、どんなひどい取り調べが実際にあっても、それにあたった警察官や検察官がそんなことはないといえば、裁判所はそれを安易に信用してしまっているのが実態です。

石川さんの場合は午前八時ごろから夜中の十二時まで、連日にわたる密室での取り調べがおこなわれたのです。

また、日本の警察は拘置所ではなく警察署の留置場を代用監獄として使い、ここに被疑者の身柄を拘束し、二十四時間、監視、管理のもとにおいて心理的に支配することで、ウソの自白をさせるので、えん罪の温床といわれ、人権基準に反するものとして国連などでも問題になっています。二〇〇六年の受刑者処遇法の一部改正でも、日弁連などの反対にもかかわらず、代用監獄が認められてしまいました。英米のように、弁護士の立ち会い、録音やビデオ録画など、取り調べが公正におこなわれたことを証明することが当然になっているのとはほど遠いのが現状といわねばなりません。

とくに石川さんの場合、再逮捕後、当時ふだん使っていなかった川越警察署の分室に特設の取調室をつくり、石川さん一人だけをそこに勾留《こうりゅう》しています。そして連日、警察官や検察官がいれかわり取り調べをおこなっているのです。

このように長期にわたって、警察の留置場で二十四時間監視され、完全に警察の言いなりの状態におかれていたことを考えれば、そこでなされた自白がほんとうに自発的なものなのかどうかに疑いが生じるのは当然です。

このほか、石川さんは取り調べのさいに、つねに片手または両手に手錠をはめられていています。判例上は両手の手錠では自白の任意性に疑いをもつとなっていますが、片手に手錠をはめたままで取り調べるだけでも脅迫、圧迫になることはだれが考えても明らかです。

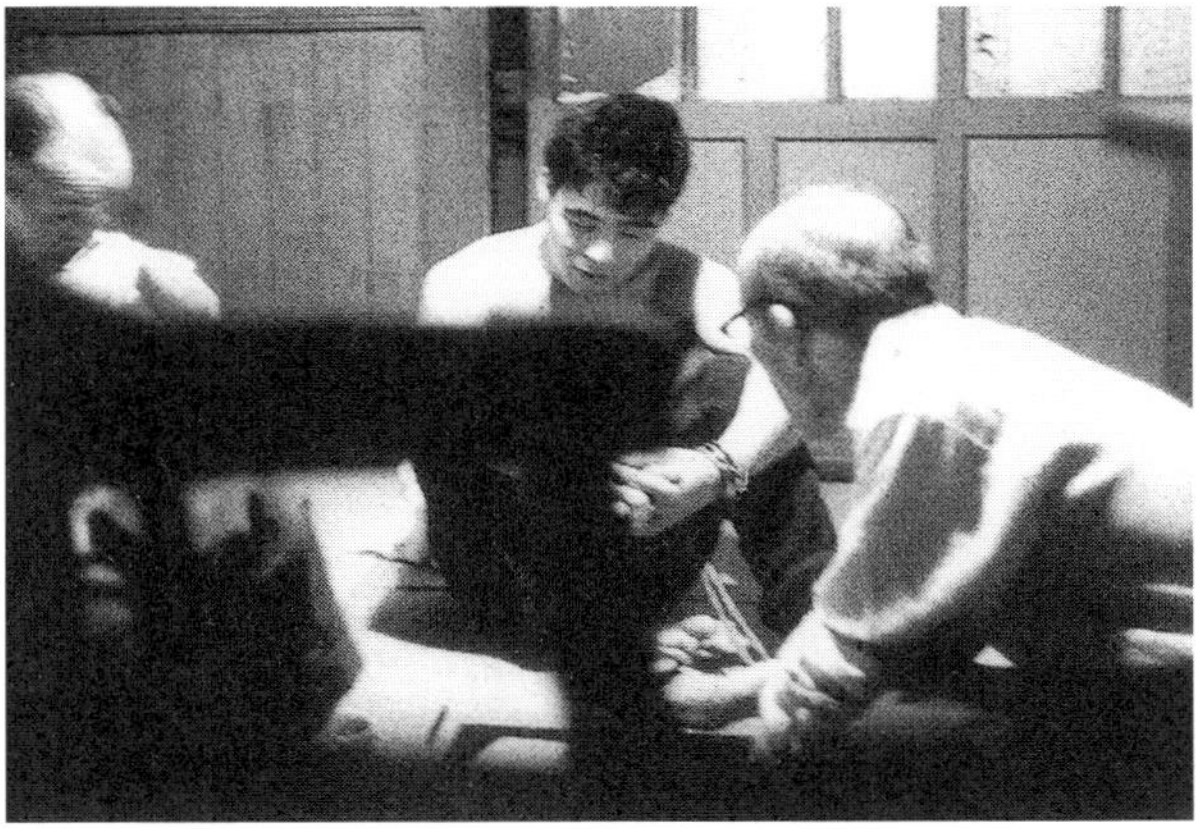

取り調べ中の石川さん。川越警察署の分室に留置され、手錠をかけたまま、長谷部警視ら3人の刑事にとり囲まれ自白をせまられた

第二の問題点は、長期間の逮捕・勾留のなかでなされた自白だという点です。

刑事訴訟法では、勾留期間は原則として十日間とされています。やむをえない場合にかぎって十日間の延長が認められているにすぎません。しかし、警察は当然のように石川さんの勾留延長をしています。そして、その勾留期限の切れる六月十三日には、「窃盗」「暴行」など九件の別件だけで起訴し、さらに勾留を続けているのです。

この九件の別件というのは、最初の逮捕の理由とされた二件をはじめ、いずれも軽微なもので、しかも数人でおこなったものであり、石川さんが「主犯」となったものはひとつもありません。しかも、かなり以前のものを警察官がわざわざ「被害者」の勤務先や自宅まで行って供述調書をとっているのです。

これは、石川さんの身柄を拘束しつづけ、石川さんを責めたてて、自白に追い込むためだったのです。

「九件も別件がある。これだけで二十年の刑だ。しかし、Nさん殺しをみとめれば十年で出れるようにしてやる。男と男の約束だ」と取り調べにあたった刑事から石川さんは言われているのです。警察の留置場にたった一人で閉じ込め、弁護士との接見も禁止して孤立させたなかで、こうしたウソの約束や甘い言葉と脅迫を使いわけながら、自白に追い込んでいるのです。

石川さんの弁護士は、不当な勾留の取り消し、保釈の請求をするとともに、なぜ勾留をつづけるのかを裁判で明らかにするよう求めています。そして、その裁判が六月十八日に開かれる予定であることや、その前に保釈になるかもしれないことを面会で石川さんに伝えています。石川さんは、これでやっと裁判でほんとうのことが聞いてもらえる、家に帰れると信じました。

ところが、警察はここでも悪らつなやり方をしています。

浦和地裁川越支部で保釈決定が出された六月十七日、留置場を出た石川さんは、狭山署内の廊下でいきなり再び手錠をかけられたのです。そして、警察は石川さんを狭山署から川越署分室の特設の取調室へ連行したのです。保釈と同時の再逮捕でした。Nさん殺害の本件での逮捕でしたが、なんらあらたな証拠はありませんでした。身柄を拘束しつづけるための悪らつなやり方だったのです。

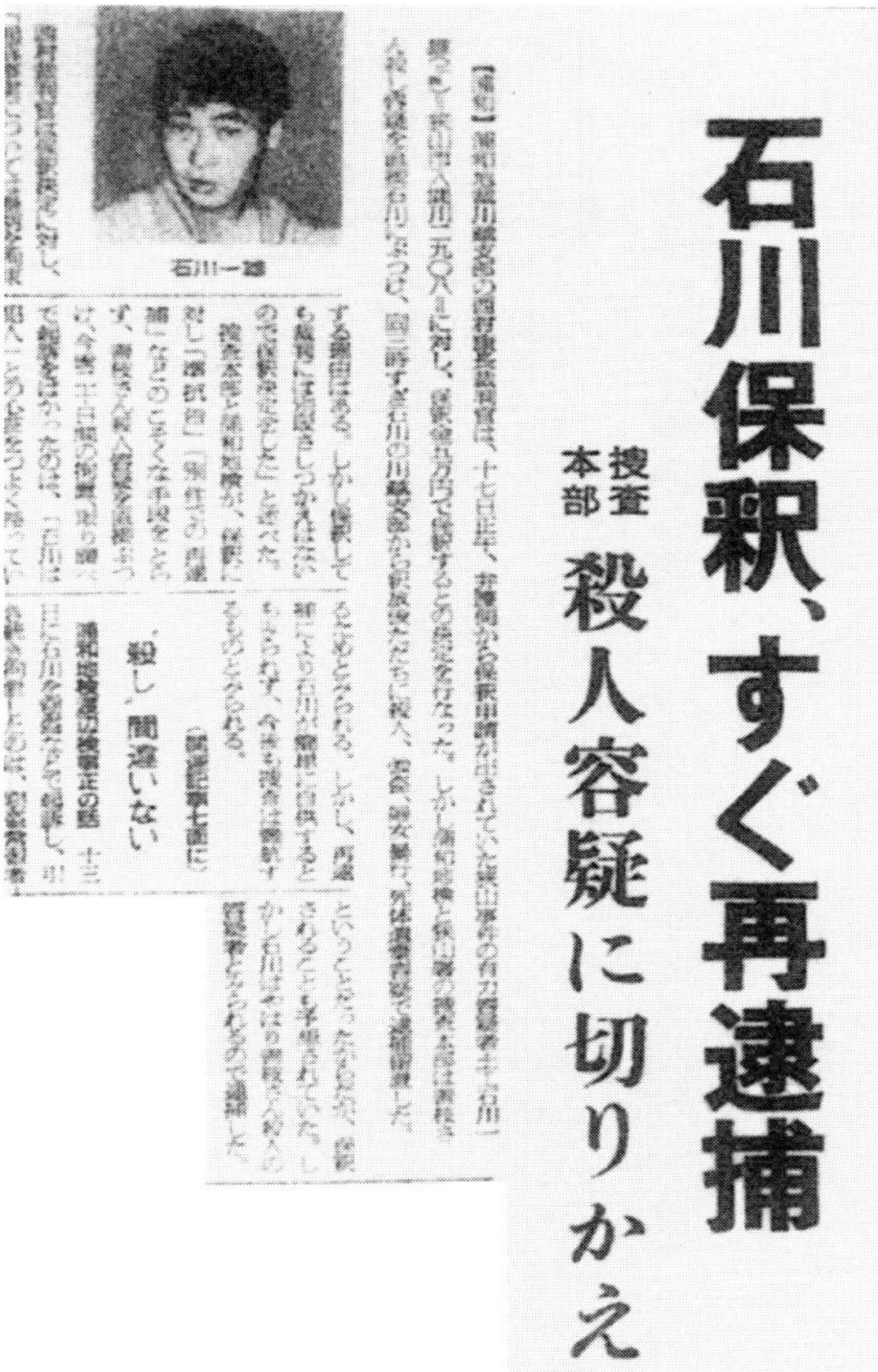
石川保釈、すぐ再逮捕
捜査本部 殺人容疑に切りかえ
石川一雄
"殺し"間違いない

石川さんの自白を得られなかった警察は、保釈と同時に再逮捕するという非常手段にでた。この３日後、石川さんは自白を始めている（『日本経済新聞』1963年６月17日朝刊から）

これがいかに石川さんにとってショックであったかを考えてみてください。裁判があって身の潔白を証明できると信じていた石川さんは、「とても失望し、どうして（裁判が）なくなってしまったのか、腹立たしい思いでいたのです」と言っています。

絶望につきおとされ、弁護士に不信をいだいた石川さんに、すかさず、取り調べの刑事が「弁護士はウソつきだ。自分たちのことを信じろ。十年で出してやるからNさん殺しを認めろ」と自白をせまったのです。最後には、「どうしても認めないのなら、かわりにおまえの兄を逮捕する。おまえを殺してしまってもわからない」などと脅す一方で、近所に住む仲のよかった関巡査を取り調べにあたらせ、泣き落としで自白に追い込んだのです。しかもこの間、警察官、検察官らは、再逮捕のあと、弁護士との接見を制限、禁止しているのです。

そして再逮捕から三日後の二十日から、ついに石川さんは自白を始めます。しかし、この自白が、逮捕から約一カ月もの長い勾留のすえ、弁護士との接見をほとんど禁止されたなかでおこなわれたものだということを忘れてはなりません。むしろ石川さんが、このような取り調べを受けながらも逮捕後約一カ月ものあいだ、Nさん殺しを否認し、無実を訴えつづけた事実こそが無実を物語っているといえます。

あとがき

ここまで読んでいただいた皆さん、ありがとうございます。また、本を読むときは、まえがきとあとがきを読んでから本文を読む、という方もいらっしゃるでしょう。じっくりとあとがきを読んでください。

本文では、二〇〇六年五月二十三日に東京高等裁判所に提出した、第三次再審請求書に盛り込まれた最新の新証拠についてもふれました。これら、かずかずの新証拠によって、石川一雄さんが狭山事件の犯人ではないことは完全に明らかになっていることが、読んでいただいた方にはわかっていただけると思います。

問題は、裁判所が公正な裁判をおこなうかどうかです。

公正な裁判というのは、再審を求める裁判では、書面審理だけではなく、裁判所に鑑定人や証人をよんで話を聞いたり、現場検証をおこなうなど、事実調べをおこない、警察や検察官が公費を使って集めたさまざまな証拠を隠すことなく弁護側にも明らかにすること（証拠開示）が、大切なのです。そして、裁判所は、これらの新証拠が確定判決（狭山事件の場合でいうと一九七四年の東京高裁による寺尾判決のことです）が出されていたとすれば、どういう判断になったか、つまり新証拠と旧証拠とを総合的に判断して結論を出す、ということがつぎに重要なことです。

こうした公正な手続きをふめば、狭山事件は必ず再審開始決定が出されるし、石川さんの無実は明らかになる、と私たちは確信しています。

私たちは、狭山裁判のやり直しと石川さんの無罪を求める運動のなかで、さまざまな課題に突き当たりました。

その課題の一つは、第二、第三の石川さんをつくりださない、ということです。

部落差別のために小学校も満足にいけなかった石川さんは、弁護士がどういう役割を果たす人かということもわからず、取調官の「弁護士は悪い人だ」という言葉や、あるいは「十年で出してやる」という甘言にだまされ、ウソの自白をさせられ、しかも一審の裁判中ずっと自白を維持する、というかたちで死刑判決を受けました。社会の差別構造や権力の怖さやずるさを理解することができずに、えん罪の犠牲になるような、石川さんと同じような人をつくりださない、ということです。

もう一つは、第二、第三の石川さんをつくりだす、ということです。

石川さんは、自分が無実だとはっきり宣言したときから、みずからの思いや考えを表現し、訴えるために、獄中で独学し、それまで奪われていた文字を取りもどしました。この文字を取りもどす営為のなかで獲得したのは、あらゆる可能性、つまり内にひめた潜勢力をもった人間を取りもどす、ということだったのです。まさに、人間は変わることができる、自己変革は可能だ、ということ示したのです。それは、部落差別と正面から向き合う、闘う、ということでもあったのです。こうした、みずからの力で変革をかちとり、社会的自覚をもち、差別と闘う人間をめざすことが、このスローガンには込められています。こうした意味で、狭山闘争は部落解放運動にも解放教育・人権教育にも問題を提起してきました。

狭山への取り組みは、日本の警察や裁判のあり方にも、大きな問題を提起しました。それは、逮捕された被疑者は、身柄を拘置所に置くべきなのに、警察所内にある留置所を代用監獄として身柄を拘束し、取り調べる、という実態に対してです。ここでは被疑者は二十四時間、警察の管理・監視下におかれ、長時間、密室で取り調べられ、自白を強いられます。こうして、代用監獄はえん罪の温床となっているのです。

代用監獄がこうした役割を果たしているのにもかかわらず、現在も代用監獄が正当化され、永続化がはかられようとしています。しかも、最初に逮捕された段階から弁護士が取り調べに立ち会い、付き添うこともかなわないばかりか、取り調べを録音・録画するなど「可視化」することについても、警察はおこなおうとしません。取り調べとは、被疑者に自白を強要し、犯罪への反省を語らせるもの、という固定した、誤った考え方がいまだに通用している現実があるからです。

また、検察は、捜査段階で収集したさまざまな証拠のなかで、自分たちに有利なものだけを裁判に出し、あとは隠したままにしている実態があります。隠していた証拠が出てきたことで無罪となった事例が数多く存在します。たとえば、ねつ造された鑑定書、捜査報告書のなかで重要な現場写真が隠されていたり、「秘密の暴露」とされていたものがそうではなかった事実など、本当に数多くの事例をあげることができます。

狭山事件でも、被害者の日記とペン習字清書が証拠開示されたことで、当日までライトブルーのインクを使っていたことが明らかになりました。また、犯行現場とされる雑木林のすぐ近くで農作業をしていたOさんの存在も、証拠開示で明らかになった

1994年12月21日、仮出獄し「えん罪を晴らしたい」と訴える石川一雄さん（写真提供・解放新聞社）

のです。

狭山事件の担当検事は、積み上げれば二〜三メートルはある未開示証拠の存在を認めています。検察側はどのような証拠があるのか、それを示す「証拠リスト」をまず明らかにし、示すべきです。

このように、えん罪をなくしていくためには、取り調べの実態や司法のシステムを変えていくことも大切です。

また私たちは、狭山事件に取り組むなかで、えん罪の被害者、犠牲者となる人たちの多くは、被差別者や社会的弱者であることもわかってきました。石川さんが不当逮捕されたのも、捜査の初期段階から被差別部落への予断と偏見にもとづき、犯人は被差別部落の人間に違いないという住民の差別意識を背景にして、I養豚場の関係者に集中的な見込み捜査をおこなったからです。当時のマスコミは、こうした予断と偏見を煽《あお》り立てる役割を果たしました。

私たちは、多くの人たちとともにあらゆる差別に反対する取り組み、つまり反差別共同闘争の輪を国内外をつうじて広げることで、石川さんの無実を明らかにし、差別をなくすことをはじめ、えん罪をなくす取り組みも大きく広げていきたい、と考えています。「万人は一人のために、一人は万人のために」という社会、あらゆる場で民主主義が実現される社会をめざしたいと思います。

狭山事件の再審をかちとるためには、裁判所に対して狭山事件はおかしい、裁判をやり直すことが必要だ、という多くの人たちの声を大きく盛り上げていくことが必要です。私たちの世論で裁判所を包囲することが重要なのです。

狭山事件再審弁護団も、石川さんの無実を明らかにする新証拠を発掘する努力を積み重ねています。

また、石川さんも「第三次再審で必ず勝利する」という決意で全力で闘うと訴えています。

この本を読んでいただいた人たちが、狭山事件に関心を持ち、石川さんの無実を確信し、再審を実現するために、ともにスクラムを組むことができれば幸いです。本書の巻末には、狭山事件をより深く知るための参考図書とともに、最新情報をお知らせする部落解放同盟中央本部のホームページ、石川さんの連れ合いの早智子さんが作成するホームページの案内も載せました。ぜひ、活用してください。

裁判所に事実調べ—再審開始を求める、学者・文化人・ジャーナリストなどが呼びかけた署名運動の用紙も、部落解放同盟中央本部のホームページからＰＤＦファイルでダウンロードできます。

これまでは未知の関係であった多くの読者の人たちと、この本を通じて知り合い、共同の取り組みができれば、私たちにとってこれほどの喜びはありません。部落差別をなくし、えん罪をなくし、人が人として生きていける社会をつくるために、ともに取り組みを進めていきましょう。

二〇〇六年九月

部落解放同盟中央本部中央狭山闘争本部

狭山事件年表

1963. 5 . 1	Nさん行方不明。自転車と脅迫状が自宅に届けられる
5 . 2	深夜、指定された佐野屋周辺に警察官が張り込む。犯人が現れるが、逃走し、逮捕できず
5 . 3	山狩り捜索開始。自転車ゴムひも、発見
5 . 4	Nさんの死体、発見
5 .11	スコップ、麦畑で発見
5 .23	石川一雄さん、別件逮捕される。第1回家宅捜索
5 .25	教科書とノート、発見
6 .17	石川さん、保釈。直後に再逮捕
6 .18	第2回家宅捜索
6 .20	石川さん、この頃より「自白」を始める
6 .21	カバン、発見
6 .23	石川さん、単独犯行の自白
6 .26	第3回家宅捜索。万年筆、発見
7 . 2	腕時計、発見
7 . 9	石川さん、Nさん殺害容疑で起訴
9 . 4	浦和地裁で第1回公判。石川さん、起訴事実を認める
1964. 3 .11	浦和地裁、死刑判決を言い渡す
3 .12	石川さん、控訴
9 .10	東京高裁で第1回公判。石川さん、Nさん殺害を否認、無実を訴える
1974.10.31	東京高裁、無期懲役の判決を言い渡す。石川さん、即日上告
1977. 8 . 9	最高裁第2小法廷、上告を棄却
8 .16	無期懲役、確定
8 .30	東京高裁に再審請求
1979. 5 .16	脅迫状の日付問題が明らかになる
1980. 2 . 5	東京高裁、再審請求棄却決定
2 .12	東京高裁に異議申し立て
1981. 3 .23	東京高裁、異議申し立て棄却決定
3 .30	最高裁に特別抗告申し立て
1985. 5 .27	最高裁第2小法廷、特別抗告棄却決定
1986. 8 .21	東京高裁に第2次再審請求（Oさんの新供述、筆跡鑑定など提出）
1992. 7 . 7	万年筆に関して元警察官が新証言
1994.12.21	石川さん、仮出獄により、31年7カ月ぶりに帰宅
1999. 7 . 8	東京高裁、再審請求棄却決定
7 .12	東京高裁に異議申し立て
11.30	狭山事件の再審を求める文化人の会（現在、「狭山事件の再審を求める市民の会」に名称変更）結成（代表・庭山英雄）
2002. 1 .23	東京高裁、異議申し立て棄却決定
1 .29	最高裁に特別抗告申し立て
2005. 3 .16	最高裁第1小法廷、特別抗告棄却決定
2006. 5 .23	東京高裁に第3次再審請求

参考図書

木山 茂『劇画 差別が奪った青春 第２版』解放出版社、1978年
佐木隆三『ドキュメント狭山事件』文春文庫、1979年
雛元昌弘編、平口広美イラスト『冤罪狭山事件』現代書館、1984年
多田敏行『真実は細部に 狭山事件、「自白」調書の分析』解放出版社、1986年
浜田寿美男『自白の心理学』岩波新書、2001年
浜田寿美男『〈うそ〉を見抜く心理学』NHKブックス、2002年
浜田寿美男『新版 自白の研究』北大路書房、2005年
部落解放同盟中央本部中央狭山闘争本部編『無実の獄25年 狭山事件写真集』解放出版社、1988年
山下恒男『狭山自白「不自然さ」の解明』日本評論社、1990年
部落解放同盟中央本部中央狭山闘争本部編『すべての力をひとつに アンソロジー狭山事件30年』1993年
狭山事件再審弁護団編『一裁判官の回想 佐々木哲蔵論文集』技術と人間、1993年
佐藤 一『狭山事件・別件取調室の30日間 石川さんはなぜ自白したのか』解放出版社、1995年
半沢英一『狭山裁判の超論理 表が出たら私の勝ち・裏が出たらあなたの負け』解放出版社、2002年
勝又 進『まんが 狭山事件』七つ森書館、2006年
鎌田 慧『狭山事件 石川一雄、四十一年目の真実』草思社、2004年
月刊『狭山差別裁判』部落解放同盟中央本部中央狭山闘争本部

ホームページ

部落解放同盟中央本部 狭山事件　http://www.bll.gr.jp/
狭山事件の再審を求める市民集会実行委員会　http://www.sayama-case.com/
冤罪 狭山事件　http://www.sayama-jiken.com/

編集・写真協力

朝日新聞社
解放新聞社
共同通信社
狭山事件再審弁護団
日本経済新聞社

知っていますか？ 狭山事件一問一答 第2版

2006年10月25日 初版第1刷発行

編者 部落解放同盟中央本部中央狭山闘争本部

発行 株式会社 解放出版社
〒556-0028 大阪市浪速区久保吉1-6-12
TEL06-6561-5273 FAX06-6568-7166 振替00900-4-75417
東京営業所 〒101-0051 千代田区神田神保町1-9
TEL03-3291-7586 FAX03-3293-1706
ホームページ http://kaihou-s.com

装幀 森本良成

印刷 (株)国際印刷出版研究所

定価はカバーに表示しております 落丁・乱丁おとりかえします
ISBN4-7592-8266-1 NDC369 127P 21cm